JUDAÍSMO EXPLICADO PARA PRINCIPIANTES

Una guía discutir Torá y la tradición judía

Ethan Micah Ariel

Tabla de contenido

INTRODUCCIÓN

El judaísmo es una de las religiones más antiguas del mundo, con una rica historia y un profundo conjunto de creencias y prácticas. En esencia, el judaísmo es una fe monoteísta, lo que significa que los judíos creen en un solo Dios. Esta creencia en un Dios único y todopoderoso distingue al judaísmo de muchas otras religiones antiguas que creían en múltiples dioses. La idea de un Dios que creó el universo y continúa teniendo una relación con él es fundamental para el pensamiento judío.

Uno de los textos centrales del judaísmo es la Torá, que consta de los primeros cinco libros de la Biblia hebrea. La Torá contiene no sólo la historia del pueblo judío sino también los mandamientos y enseñanzas que guían la vida judía. Estas enseñanzas cubren todos los aspectos de la vida, desde el comportamiento ético hasta los rituales religiosos, lo que hace de la Torá una guía integral sobre cómo los judíos deben vivir sus vidas.

Además de la Torá, hay otros textos importantes, como el Talmud, que proporcionan explicaciones e interpretaciones adicionales de la ley y la tradición judías.

El judaísmo pone un fuerte énfasis en la comunidad y la familia. Muchas prácticas y festividades judías se centran en el hogar y la sinagoga, donde la comunidad se reúne para orar, estudiar y celebrar. Por ejemplo, el sábado, un día de descanso y adoración que tiene lugar desde el viernes por la noche hasta el sábado por la noche, es un momento para que las familias se reúnan, compartan comidas y reflexionen sobre la semana. El sábado no es sólo un día de descanso, sino también un tiempo para reconectarnos con Dios y con los demás.

Otro aspecto clave del judaísmo es el concepto de mitzvot, que son mandamientos o buenas obras. Hay 613 mitzvot en la Torá, que abarcan una amplia gama de acciones, desde honrar a los padres hasta cuidar de los pobres y necesitados. Estas mitzvot guían a los judíos en su vida diaria, animándolos a actuar con ética y compasión. La idea es que al seguir estos mandamientos, los judíos pueden traer santidad a sus vidas y al mundo que los rodea.

Las fiestas y festivales judíos también desempeñan un papel importante en la fe. Estos eventos conmemoran momentos importantes de la historia judía y brindan oportunidades para la reflexión y la celebración. Por ejemplo, Pesaj celebra la liberación de los israelitas de la esclavitud en Egipto y está marcada por una comida especial llamada Seder, donde se cuenta la historia del Éxodo. Hanukkah, otra festividad muy conocida, celebra la nueva dedicación del Segundo Templo en Jerusalén y se observa encendiendo velas en una menorá durante ocho noches.

Aprender sobre el judaísmo es importante para fomentar la comprensión y el aprecio interreligiosos. Al comprender las creencias y prácticas del judaísmo, personas de diferentes orígenes pueden apreciar mejor la diversidad del pensamiento y la experiencia humanos. También ayuda a acabar con estereotipos y conceptos erróneos que pueden dar lugar a prejuicios y discriminación. Por ejemplo, aprender sobre el énfasis judío en el comportamiento ético y la justicia social puede inspirar a las personas a reflexionar sobre sus propios valores y acciones.

El judaísmo enseña el concepto de Tikkun Olam, que significa "reparar el mundo". Esta idea anima a los judíos a trabajar para hacer del mundo un lugar mejor mediante actos de bondad, caridad y justicia social. Es un llamado a la acción que resuena en personas de todos los orígenes y nos recuerda a todos nuestra responsabilidad de cuidar de los demás y de nuestro planeta.

El concepto judío del pacto también es significativo. Según la tradición judía, Dios hizo un pacto con el pueblo judío, comenzando con Abraham y continuando hasta Moisés y la entrega de la Torá.

Este pacto es un acuerdo especial que describe las responsabilidades y compromisos entre Dios y el pueblo judío. Es un tema central en la teología judía y da forma a la comprensión judía de su relación con Dios.

La oración y la adoración son parte integral de la vida judía. Los judíos oran tres veces al día y estas oraciones a menudo incluyen alabanzas a Dios, peticiones de ayuda y expresiones de gratitud. La sinagoga, un lugar de culto y reunión comunitaria, es donde tienen lugar muchas de estas oraciones. El acto de orar juntos fortalece el sentido de comunidad y conexión con Dios.

Las leyes dietéticas judías, conocidas como kashrut, son otro aspecto importante de la fe. Estas leyes especifican qué alimentos están permitidos y cómo deben prepararse. Por ejemplo, la carne y los productos lácteos no se pueden comer juntos y ciertos animales, como los cerdos, no son kosher y no se pueden comer. Estas leyes dietéticas se siguen como una forma de obedecer los mandamientos de Dios y mantener un sentido de santidad en la vida cotidiana.

El judaísmo también pone un fuerte énfasis en la educación y el estudio de los textos sagrados. Desde pequeños, a los niños judíos se les enseña a leer y estudiar la Torá y otros textos religiosos. Esta tradición de aprendizaje continúa a lo largo de la vida de un judío, con sesiones de estudio, debates y conferencias que forman una parte importante de la cultura judía. El valor otorgado a la educación ha ayudado a la comunidad judía a mantener una sólida herencia intelectual y cultural a lo largo de los siglos.

Al comprender estos principios fundamentales y creencias fundamentales del judaísmo, uno puede obtener una apreciación más profunda de la riqueza y diversidad de la vida judía. Aprender sobre el judaísmo no sólo enriquece nuestro conocimiento del mundo sino que también fomenta el respeto y la empatía por quienes siguen esta antigua y duradera fe. A través de este entendimiento, podemos construir puentes entre diferentes comunidades y trabajar juntos por un mundo más inclusivo y armonioso.

CAPÍTULO 1

Los orígenes del judaísmo

Los Patriarcas: Abraham, Isaac y Jacob

El judaísmo, una de las religiones más antiguas del mundo, tiene sus raíces en tres figuras clave conocidas como los Patriarcas: Abraham, Isaac y Jacob. Estos individuos son fundamentales para la historia y las creencias judías y cada uno desempeña un papel crucial en la formación y el desarrollo de la fe judía. Comprender sus vidas y su importancia ayuda a apreciar los cimientos sobre los que se construye el judaísmo.

Abraham, originalmente llamado Abram, a menudo es llamado el "Padre del monoteísmo" porque se le considera la primera persona en enseñar la idea de un solo Dios. Según la Torá, Abraham nació en la ciudad de Ur en Mesopotamia. Fue llamado por Dios a dejar su hogar y viajar a una nueva tierra que Dios le mostraría. Este viaje llevó a Abraham a la tierra de Canaán, que más tarde se convertiría en la tierra de Israel. El llamado de Dios a Abraham incluía una promesa: Abraham llegaría a ser padre de una gran nación y, a través de su descendencia, todas las familias de la tierra serían bendecidas.

El viaje de Abraham no fue sólo físico sino también espiritual. Demostró una fe inquebrantable en Dios, incluso cuando se enfrentó a pruebas desafiantes. Una de las pruebas más famosas fue cuando Dios le pidió a Abraham que sacrificara a su hijo Isaac. Aunque esta petición fue increíblemente difícil, Abraham se preparó para obedecer. En el último momento, un ángel lo detuvo y Dios proporcionó un carnero para sacrificar en su lugar. Esta historia se considera un profundo ejemplo de la fe y la obediencia de Abraham y subraya la importancia de la confianza en Dios dentro del judaísmo.

La importancia de Abraham también reside en el pacto que Dios hizo con él. Este pacto era un acuerdo vinculante en el que Dios prometió hacer numerosos los descendientes de Abraham y darles la tierra de Canaán. A cambio, Abraham y sus descendientes debían permanecer fieles a Dios y seguir Sus mandamientos. Este pacto es fundamental para el judaísmo, ya que estableció la relación especial entre Dios y el pueblo judío.

Isaac, hijo de Abraham y Sara, continuó el legado de su padre. Su vida, aunque menos agitada en comparación, fue igualmente importante en el desarrollo del judaísmo. El nombre de Isaac, que significa "él reirá", refleja la alegría y sorpresa de sus padres, quienes lo tuvieron en su vejez. La historia más notable de Isaac en la Torá involucra su casi sacrificio por parte de Abraham, lo que consolidó su papel como figura clave en la historia judía.

Isaac se casó con Rebeca y tuvieron dos hijos, Esaú y Jacob. La historia de la familia de Isaac está llena de lecciones sobre la fe, la dinámica familiar y el plan de Dios. Las bendiciones de Isaac y las interacciones con sus hijos prepararon el escenario para el siguiente capítulo de la historia judía. A pesar de su vida más tranquila, la firmeza y la fe de Isaac en las promesas de Dios fueron cruciales para mantener el pacto establecido con Abraham.

Jacob, el hijo menor de Isaac y Rebeca, es otra figura fundamental en la historia judía. También es conocido como Israel, nombre que Dios le dio después de un misterioso encuentro en el que luchó con un ángel. Este evento es un símbolo de las luchas y la perseverancia de Jacob, así como de su profunda conexión con Dios. El nuevo nombre de Jacob, Israel, más tarde se convirtió en el nombre de la nación judía.

La vida de Jacob estuvo marcada por una serie de acontecimientos importantes que moldearon el futuro del pueblo judío. Uno de los más notables es su viaje a Harán, donde huyó para escapar de la ira de su hermano Esaú. Durante este viaje, Jacob soñó con una escalera que llegaba al cielo, y por ella ángeles subían y descendían. En este sueño, Dios reafirmó el pacto hecho con Abraham e Isaac, prometiendo a Jacob que sus descendientes heredarían la tierra y serían tan numerosos como el polvo de la tierra. Este sueño a menudo se conoce como la Escalera de Jacob y simboliza la conexión entre el cielo y la tierra, así como la guía y protección continua de Dios.

En Harán, Jacob trabajó para su tío Labán y se casó con sus primas Lea y Raquel. A través de estos matrimonios, Jacob tuvo doce hijos y una hija. Estos hijos se convertirían en los antepasados de las Doce Tribus de Israel, y cada tribu desempeñaría un papel único en la historia del pueblo judío. Las experiencias familiares de Jacob, incluido su amor por Raquel y los desafíos con Labán, reflejan temas de perseverancia, fe y las complejidades de las relaciones familiares.

Una de las historias más dramáticas de la vida de Jacob es su reencuentro con Esaú. Después de muchos años, Jacob regresó a Canaán, temiendo la venganza de Esaú. Sin embargo, su encuentro resultó ser de reconciliación y perdón, mostrando el poder de la curación y la unidad familiar. Este evento también demostró el crecimiento de Jacob y su capacidad para confiar en el plan de Dios a pesar de los conflictos del pasado.

Los últimos años de Jacob estuvieron marcados por el viaje de su familia a Egipto. Esta medida fue precipitada por una grave hambruna y orquestada por José, uno de los hijos de Jacob, que había ascendido a una posición de poder en Egipto. La historia de José, llena de temas de traición, resiliencia y perdón, es integral para comprender la supervivencia y continuidad del pueblo judío. La migración de Jacob a Egipto preparó el escenario para la eventual esclavización de los israelitas y su posterior liberación, que es una narrativa central en la historia judía celebrada durante la Pascua.

Las vidas de Abraham, Isaac y Jacob están entrelazadas con las promesas y los desafíos que dieron forma al primer pueblo judío. El camino de fe de Abraham y el establecimiento del pacto con Dios sentaron las bases de una relación que definiría la identidad judía. El papel de Isaac, aunque más tranquilo, reforzó la continuidad de esta alianza y destacó la importancia de la confianza y la fidelidad. La vida dinámica de Jacob, llena de luchas y triunfos, subrayó los temas de la perseverancia, la reconciliación y el crecimiento de una familia que se convertiría en una nación.

Al aprender sobre los Patriarcas, obtenemos información sobre los orígenes del judaísmo y los valores que continúan guiando la vida judía en la actualidad. Estas historias no son sólo relatos históricos, sino que también están llenas de lecciones sobre la fe, la familia y la relación duradera entre Dios y el pueblo judío. Al comprender las vidas de Abraham, Isaac y Jacob, apreciamos las profundas raíces de la tradición judía y el legado perdurable de estas figuras fundamentales.

El Éxodo y la Alianza en el Sinaí

La historia del Éxodo es uno de los acontecimientos más significativos de la historia judía, ya que marca el nacimiento de los israelitas como pueblo libre y establece una relación profunda y duradera con Dios. Esta narrativa, que se encuentra en el libro del Éxodo de la Torá, no es sólo un relato histórico sino una historia llena de milagros, pruebas y el establecimiento de importantes fundaciones religiosas.

Los israelitas, descendientes de Jacob (también conocido como Israel), se habían asentado en Egipto durante una época de hambruna. Durante muchas generaciones, su población creció significativamente. Sin embargo, subió al trono un nuevo faraón que no recordaba a José (el hijo de Jacob que había llegado al poder en Egipto). Temiendo el creciente número y fuerza de los israelitas, Faraón los esclavizó y los sometió a duros trabajos. A pesar de la opresión, los israelitas continuaron multiplicándose, lo que sólo aumentó el temor de Faraón. Para controlar su población, el faraón ordenó que mataran a todos los niños hebreos recién nacidos.

En medio de este brutal decreto, una mujer hebrea llamada Jocabed dio a luz a un hijo. Para salvarlo, lo colocó en una canasta y lo puso a flote en el río Nilo. La hija del faraón encontró al bebé y, movida por compasión, decidió criarlo como si fuera suyo. Ella lo llamó Moisés. Aunque Moisés se crió en el palacio egipcio, era consciente de su herencia hebrea. Un día, al ver a un egipcio golpeando a un esclavo hebreo, Moisés intervino y mató al egipcio. Temiendo por su vida, Moisés huyó a la tierra de

Madián, donde comenzó una nueva vida como pastor.

Mientras cuidaba su rebaño, Moisés encontró una zarza ardiendo que no fue consumida por las llamas. Desde esta zarza, Dios habló a Moisés y le reveló su plan para liberar a los israelitas de la esclavitud. Dios le ordenó a Moisés que regresara a Egipto y llevara a su pueblo a la libertad. Inicialmente reacio, Moisés obedeció, confiando en la promesa de Dios de estar con él.

Moisés regresó a Egipto y, junto con su hermano Aarón, se enfrentó a Faraón, exigiendo la liberación de los israelitas. Faraón se negó y, en respuesta, Dios envió diez plagas sobre Egipto. Estas plagas incluyeron convertir el Nilo en sangre, enjambres de langostas y oscuridad. Cada plaga demostró el poder de Dios y tenía como objetivo convencer a Faraón de que liberara a los israelitas. La décima y última plaga fue la más devastadora: la muerte del primogénito de cada familia egipcia. Sin embargo, los israelitas se salvaron. Dios les ordenó que marcaran los postes de sus puertas con la sangre de un cordero, y cuando el ángel de la muerte pasó sobre Egipto, salvó las casas con los postes marcados. Este evento se conmemora como Pascua, que simboliza la liberación y la salvación.

La muerte del primogénito finalmente obligó al faraón a liberar a los israelitas. Salieron de Egipto apresuradamente, sin siquiera permitir que la masa del pan creciera, razón por la cual los judíos comen pan sin levadura, o matzá, durante la Pascua. Sin embargo, el faraón pronto se arrepintió de su decisión y persiguió a los israelitas con su ejército. Atrapados entre las fuerzas egipcias y el Mar Rojo, los israelitas temían por sus vidas. Pero Dios realizó un hecho milagroso: dividió el Mar Rojo, permitiendo a los israelitas cruzar sobre tierra seca. Cuando los egipcios los siguieron, el mar volvió a su lugar, ahogando al ejército que los perseguía.

Después de su huida, los israelitas viajaron por el desierto, enfrentándose a diversos desafíos, como el hambre y la sed. Dios proveyó para ellos, enviando maná (un tipo de pan) del cielo y agua de una roca. Estos milagros reforzaron la dependencia de los israelitas de Dios y su cuidado por ellos.

El acontecimiento más significativo durante este viaje fue el pacto hecho en el monte Sinaí. Tres meses después de salir de Egipto, los israelitas acamparon al pie del monte Sinaí. Dios llamó a Moisés a la cima de la montaña y le entregó Sus mandamientos y leyes, que se convertirían en el fundamento de la vida y las creencias judías. Estos incluían los Diez Mandamientos, que describen principios éticos fundamentales como honrar a los padres, no robar y no dar falso testimonio.

La entrega de la Torá en el Monte Sinaí estuvo acompañada de fenómenos impresionantes: truenos, relámpagos, una espesa nube y el sonido de un shofar (un cuerno de carnero). Estos dramáticos signos subrayaron la importancia y la santidad del evento. Dios hizo un pacto con los israelitas, prometiendo ser su Dios si eran Su pueblo y seguían Sus mandamientos. Este pacto estableció una relación única entre Dios y los israelitas, distinguiéndolos como un pueblo elegido con la misión especial de defender y difundir las leyes y enseñanzas de Dios.

El pacto en el Sinaí también incluyó instrucciones detalladas para la construcción del Tabernáculo, un santuario portátil donde Dios habitaría entre Su pueblo. El Tabernáculo simbolizaba la presencia de Dios y proporcionaba un punto focal para la adoración y la vida comunitaria. Albergaba el Arca de la Alianza, que contenía las tablas de los Diez Mandamientos, lo que enfatizaba aún más la centralidad de las leyes de Dios en la vida de los israelitas.

El Éxodo y el pacto del Sinaí tienen un profundo significado en la tradición judía. Marcan la transición de la esclavitud a la libertad, no sólo física sino espiritualmente. La liberación de Egipto se considera el comienzo del viaje de los israelitas para convertirse en una nación dedicada a Dios y sus mandamientos. El pacto en el Sinaí estableció el marco para la ley, la ética y el culto judíos, guiando a los israelitas en su relación con Dios y entre sí.

Estos eventos se conmemoran anualmente durante la Pascua, cuando los judíos vuelven a contar la historia del Éxodo y reflexionan sobre los temas de la liberación y la guía divina. La entrega de la Torá en el Sinaí se celebra durante la festividad de Shavuot, que ocurre cincuenta días después de Pesaj. Shavuot es un momento para honrar el regalo de la Torá y reafirmar el compromiso de estudiar y seguir sus enseñanzas.

El Éxodo y el pacto del Sinaí son fundamentales para comprender la identidad y la fe judías. La historia del Éxodo destaca temas de lucha, liberación e intervención divina, mientras que el pacto en el Sinaí establece las bases de la ley y la comunidad judías. Estos eventos continúan inspirando y dando forma a la vida judía, recordándoles su relación especial con Dios y su responsabilidad de cumplir Sus mandamientos. A través de estas narrativas, los valores perdurables de la fe, la perseverancia y el compromiso con la justicia y la rectitud se transmiten de generación en generación.

Establecimiento de Israel: reyes y profetas

El establecimiento del reino de Israel es un período fascinante en la historia judía marcado por el ascenso de reyes y profetas que desempeñaron papeles cruciales en la configuración de la identidad y la fe de la nación. Esta era comienza después de que los israelitas se asentaron en la Tierra Prometida, luego de su largo viaje desde Egipto y el período de jueces que los guiaron a través de diversos desafíos.

Inicialmente, los israelitas vivían como una confederación flexible de tribus, cada una con sus propios líderes y jueces que les proporcionaban orientación y resolvían disputas. Sin embargo, al enfrentar amenazas externas y la desunión interna, los israelitas comenzaron a desear un liderazgo centralizado. Querían un rey, como las naciones vecinas, que los uniera y los dirigiera en las batallas. Dios le ordenó al profeta Samuel que ungiera a Saúl como el primer rey de Israel. Saúl era un joven alto y apuesto de la tribu de Benjamín, elegido por sus cualidades de liderazgo.

El reinado de Saúl comenzó bien, con éxitos militares que unieron a las tribus y proporcionaron cierta estabilidad. Sin embargo, la desobediencia de Saúl a los mandamientos de Dios llevó a su caída. No logró destruir completamente a los amalecitas según las instrucciones de Dios y ofreció sacrificios que sólo a los sacerdotes se les permitía realizar. Como resultado, Dios rechazó a Saúl como rey y le ordenó a Samuel que ungiera un nuevo rey.

David, un joven pastor de la tribu de Judá, fue elegido para ser el próximo rey. Conocido por su valentía, David ya había ganado fama al derrotar al gigante Goliat con una honda y una piedra. El reinado de David marcó la edad de oro de Israel. Unió a las tribus, estableció Jerusalén como capital y llevó el Arca de la Alianza a la ciudad, convirtiéndola en el centro religioso y político de Israel. El liderazgo de David y su devoción a Dios hicieron que el pueblo lo quisiera y era conocido como un hombre conforme al corazón de Dios.

A pesar de sus éxitos, el reinado de David no estuvo exento de agitación personal y política. Su romance con Betsabé y la posterior muerte arreglada de su marido, Urías, tuvieron importantes consecuencias. Sin embargo, el arrepentimiento sincero de David y la promesa de que su dinastía perduraría mostraron su profunda relación con Dios. El legado de David incluía planes para un magnífico templo, que eventualmente construiría su hijo Salomón.

Salomón, el hijo de David, heredó un reino fuerte y unificado. Reconocido por su sabiduría, Salomón es recordado por construir el Primer Templo en Jerusalén, un lugar central de culto para los israelitas. El Templo se convirtió en el punto central del culto judío, albergando el Arca de la Alianza y sirviendo como lugar para importantes rituales y festivales religiosos. El reinado de Salomón estuvo marcado por la paz y la prosperidad, y estableció a Israel como una nación poderosa y rica.

Sin embargo, los últimos años de Salomón se vieron empañados por sus matrimonios con muchas mujeres extranjeras que lo influenciaron para que adorara a otros dioses. Esta idolatría enfureció a Dios y, después de la muerte de Salomón, el reino quedó dividido. Las tribus del norte formaron el reino de Israel, mientras que las tribus del sur, incluidas Judá y Benjamín, se convirtieron en el reino de Judá. Esta división debilitó a ambos reinos, haciéndolos vulnerables a amenazas externas.

Durante este período tumultuoso, los profetas desempeñaron papeles vitales al guiar al pueblo y a sus líderes de regreso a los caminos de Dios. Los profetas eran personas elegidas por Dios para transmitir Sus mensajes, y a menudo pedían arrepentimiento y adhesión al pacto. No siempre fueron bien recibidos, ya que sus mensajes a menudo desafiaban el status quo y denunciaban injusticias.

Uno de los profetas más notables fue Elías, quien vivió durante el reinado del rey Acab y la reina Jezabel en el reino norteño de Israel. Acab y Jezabel promovieron la adoración de Baal, un dios extranjero, alejando al pueblo de la adoración del Dios verdadero. Elías enfrentó esta idolatría y desafió a los profetas de Baal a una competencia en el Monte Carmelo. Dios respondió las oraciones de Elías enviando fuego del cielo, demostrando Su poder y guiando al pueblo a reconocerlo como el Dios verdadero. La audacia y los milagros de Elías mostraron la presencia y el poder continuos de Dios en Israel.

Eliseo, el sucesor de Elías, continuó su obra, realizando muchos milagros y brindando orientación en tiempos difíciles. Sus milagros incluyeron multiplicar el aceite de una viuda, resucitar a un niño muerto y sanar de lepra a Naamán, un comandante sirio. Las acciones de Eliseo demostraron la compasión y la capacidad de Dios para obrar a través de sus profetas para ayudar a su pueblo.

En el reino sureño de Judá, el profeta Isaías jugó un papel importante. Sirvió durante los reinados de varios reyes y brindó asesoramiento en tiempos de crisis nacional. Las profecías de Isaías incluían mensajes de juicio por los pecados del pueblo y visiones de esperanza y restauración. Enfatizó la importancia de confiar en Dios en lugar de alianzas políticas y predijo la venida de un Mesías que traería paz y salvación.

Jeremías fue otro profeta importante en Judá, conocido por sus advertencias sobre la inminente invasión babilónica y la destrucción de Jerusalén. A pesar de sus mensajes impopulares, Jeremías se mantuvo firme e instó al pueblo a arrepentirse y regresar a Dios. Sus profecías se cumplieron cuando Babilonia conquistó Jerusalén, destruyó el Templo y exilió a muchos de los israelitas. La vida y el ministerio de Jeremías resaltaron las consecuencias de la desobediencia pero también ofrecieron esperanza para una futura restauración.

El período de reyes y profetas fue fundamental en la configuración del panorama religioso y político de Israel. Los reyes, particularmente David y Salomón, establecieron un liderazgo fuerte y un culto centralizado en Jerusalén. Sin embargo, sus fracasos y la posterior división del reino subrayaron la importancia de la fidelidad a los mandamientos de Dios.

Los profetas sirvieron como mensajeros de Dios, llamando al pueblo y a sus líderes al arrepentimiento y guiándolos en tiempos de crisis. Sus mensajes de juicio y esperanza reforzaron la relación de pacto entre Dios e Israel, recordando al pueblo su identidad y propósito únicos.

El legado de esta era es profundo e influye en el pensamiento, el culto y la identidad judíos. Las historias de los reyes y profetas son fundamentales para comprender la historia y los valores del pueblo judío. Enseñan lecciones sobre liderazgo, fe, arrepentimiento y la relación duradera entre Dios y su pueblo elegido. A través de los triunfos y pruebas de este período, los temas perdurables de la fidelidad de Dios y la importancia de adherirse a Sus caminos siguen siendo centrales para la fe judía.

CAPÍTULO 2

La Torá: el fundamento de la creencia judía

Qué es la Torá?

La Torá es el texto más sagrado del judaísmo y sirve como fundamento de las creencias, tradiciones y leyes judías. Comprende los primeros cinco libros de la Biblia hebrea: Génesis, Éxodo, Levítico, Números y Deuteronomio. Estos libros también se conocen colectivamente como Pentateuco, que significa "cinco rollos" en griego. La Torá es considerada la ley escrita dada por Dios a los israelitas a través del profeta Moisés.

La palabra "Torá" proviene de la raíz hebrea "yarah", que significa "enseñar" o "instruir". Esto refleja el propósito de la Torá como guía para vivir una vida que se alinee con la voluntad de Dios.

Contiene un relato de narrativas, leyes y enseñanzas que han dado forma a la identidad y práctica judía durante miles de años. La Torá no es sólo un documento histórico sino un texto vivo que continúa informando e inspirando la vida judía actual.

Génesis, el primer libro de la Torá, comienza con la creación del mundo e introduce las historias de los patriarcas y matriarcas del pueblo judío, incluidos Abraham, Isaac, Jacob y José. Estas narrativas sientan las bases de la relación entre Dios y los israelitas, destacando temas de pacto, fe y promesa divina. Génesis concluye con el descenso de los israelitas a Egipto, preparando el escenario para los dramáticos acontecimientos del Éxodo.

Éxodo relata la historia de la esclavitud de los israelitas en Egipto, su liberación gracias al liderazgo de Moisés y la revelación en el monte Sinaí. Es en el Sinaí donde Dios da los Diez Mandamientos y otras leyes, estableciendo un pacto con los israelitas. Este pacto es fundamental para la creencia judía y significa una relación especial entre Dios y su pueblo elegido. Éxodo también incluye la construcción del Tabernáculo, un santuario portátil donde habita la presencia de Dios entre los israelitas.

Levítico se centra en las leyes y rituales relacionados con la adoración, la pureza y la conducta ética. Contiene instrucciones detalladas para los sacerdotes (levitas) que sirven en el Tabernáculo, así como pautas para mantener la santidad en la vida diaria. El libro enfatiza la importancia de vivir de acuerdo con los mandamientos de Dios y describe varios sacrificios, festivales y leyes dietéticas. Los principios de justicia, compasión y responsabilidad comunitaria están entretejidos en todo Levítico.

Números continúa la narrativa del viaje de los israelitas a través del desierto, documentando sus experiencias, desafíos y rebeliones. Incluye datos del censo, de ahí el nombre "Números", así como otras leyes e instrucciones de Dios. El libro ilustra las dificultades del viaje de los israelitas y su relación continua con Dios, marcada tanto por la fidelidad como por la desobediencia. Números también destaca el liderazgo de Moisés y su papel al guiar al pueblo hacia la Tierra Prometida.

Deuteronomio, el último libro de la Torá, se presenta como una serie de discursos de Moisés antes de su muerte. Resume los acontecimientos y las leyes de los libros anteriores, enfatizando la importancia de la lealtad a Dios y la adherencia a Sus mandamientos. Deuteronomio incluye el Shemá, una declaración central de la fe judía, y reitera el pacto entre Dios y los israelitas. El libro concluye con la muerte de Moisés y el nombramiento de Josué como su sucesor, listo para conducir al pueblo a la Tierra Prometida.

El papel de la Torá en la tradición judía se extiende más allá de su contenido. Es la piedra angular del culto y el estudio judíos. Los rollos de la Torá están escritos a mano en pergamino por escribas expertos y son tratados con la mayor reverencia. Estos rollos se encuentran en el Arca de la Alianza en las sinagogas y se leen públicamente durante los servicios. La porción semanal de la Torá, conocida como parashá, garantiza que se lea toda la Torá a lo largo de un año, fomentando un compromiso continuo con el texto.

Además de la Torá escrita, la tradición judía incluye la Torá oral, que comprende interpretaciones, explicaciones y ampliaciones del texto escrito. La Torá Oral finalmente fue compilada en la Mishná y elaborada con más detalle en el Talmud. Estos textos proporcionan un marco legal y ético integral que guía la práctica judía en diversos aspectos de la vida. La interacción entre las tradiciones escritas y orales subraya la naturaleza dinámica y evolutiva de la ley y el pensamiento judíos.

Las enseñanzas de la Torá no se limitan a leyes y rituales religiosos; abarcan una amplia gama de principios y valores éticos. Conceptos como justicia, bondad, humildad y respeto por los demás son parte integral del mensaje de la Torá. El mandamiento de amar a tu prójimo como a ti mismo, que se encuentra en Levítico, resume el núcleo ético de la Torá y sirve como principio rector del comportamiento judío.

La educación es un aspecto fundamental del compromiso con la Torá. La tradición judía pone un fuerte énfasis en el estudio y el aprendizaje, considerando la Torá como una fuente de sabiduría y guía moral. Desde una edad temprana, los niños conocen las historias y enseñanzas de la Torá, fomentando una relación de por vida con el texto. Las sesiones de estudio, conocidas como jevruta, implican aprendizaje y discusión colaborativos, lo que permite a las personas explorar e interpretar juntos los significados de la Torá.

La influencia de la Torá se extiende más allá de la comunidad judía. Sus narrativas, leyes y enseñanzas éticas han tenido un profundo impacto en la civilización occidental y el desarrollo de sistemas morales y legales en todo el mundo. Los Diez Mandamientos, en particular, han sido adoptados como principios universales de justicia y moralidad.

En la vida judía contemporánea, la Torá sigue siendo un elemento central y unificador. Da forma a la observancia religiosa, la conducta ética y la identidad comunitaria. Celebraciones como Simjat Torá, que marca la finalización y el reinicio del ciclo anual de lectura de la Torá, resaltan la alegría y la reverencia con la que se mira la Torá. La sabiduría eterna de la Torá y su perdurable relevancia inspiran a los judíos a navegar por las complejidades de la vida moderna mientras se mantienen arraigados en su antigua herencia.

Comprender la Torá es clave para apreciar la riqueza de la tradición judía y los valores que guían al pueblo judío. Sus historias, leyes y enseñanzas ofrecen información sobre la experiencia humana y la búsqueda de una vida ética y significativa. El papel de la Torá como fundamento de la creencia judía subraya su importancia en la configuración del pasado, presente y futuro de la comunidad judía. A través de su estudio y observancia, los judíos mantienen una profunda conexión con su historia, su fe y su identidad colectiva.

Los cinco libros de Moisés

La Torá, también conocida como los Cinco Libros de Moisés, es la base de las creencias y tradiciones judías. Cada uno de sus cinco libros; Génesis, Éxodo, Levítico, Números y Deuteronomio contribuyen de manera única a la narrativa y las leyes que definen el judaísmo. Estos libros abarcan historias, mandamientos y enseñanzas que han sido fundamentales para la vida judía durante milenios.

Génesis, el primer libro de la Torá, comienza con la creación del mundo. Describe cómo Dios creó todo en seis días y descansó el séptimo. Este libro nos presenta a los primeros humanos, Adán y Eva, que vivieron en el Jardín del Edén hasta que desobedecieron a Dios y fueron expulsados. El Génesis continúa con historias de sus descendientes, incluidos Caín, Abel y Noé, quien construye un arca para salvar a su familia y a sus animales de un gran diluvio. Luego, el libro se centra en los patriarcas del pueblo judío: Abraham, Isaac y Jacob. Dios llama a Abraham a dejar su hogar y viajar a una nueva tierra, donde Dios promete convertir a sus descendientes en una gran nación. La fe y la obediencia de Abraham a Dios se ponen a prueba de varias maneras, incluida la atadura de su hijo Isaac. A la historia de Isaac le sigue la de su hijo Jacob, quien tiene doce hijos que se convierten en líderes de las doce tribus de Israel. El libro concluye con la historia de José, uno de los hijos de Jacob, que es vendido como esclavo por sus celosos hermanos pero que asciende hasta convertirse en un líder poderoso en Egipto. Génesis prepara el escenario para los temas del pacto, la fe y las promesas de Dios a los israelitas.

Éxodo, el segundo libro, comienza con los israelitas viviendo como esclavos en Egipto. Están sufriendo en condiciones difíciles y Dios elige a Moisés para que los conduzca a la libertad. Moisés, que se crió en el palacio del faraón pero luego huyó de Egipto, regresa para exigir que el faraón deje ir a los israelitas. El faraón se niega y Dios envía diez plagas sobre Egipto, cada una más devastadora que la anterior. La plaga final, la muerte del primogénito, lleva al faraón a liberar a los israelitas. Abandonan Egipto a toda prisa, cruzando el Mar Rojo que milagrosamente se separa para ellos. Una vez libres, los israelitas viajan al Monte Sinaí, donde Dios le da a Moisés los Diez Mandamientos y otras leyes, estableciendo un pacto con Su pueblo. Éxodo detalla la construcción del Tabernáculo, un santuario portátil donde la presencia de Dios habitará entre los israelitas. Este libro destaca temas de liberación, pacto y establecimiento de leyes que guiarán a los israelitas.

Levítico, el tercer libro, es principalmente un libro de leyes y rituales. Contiene instrucciones detalladas para los sacerdotes (levitas) que sirven en el Tabernáculo. Levítico enfatiza la importancia de la santidad y describe varios sacrificios, ofrendas y rituales para mantener la pureza y expiar los pecados. También incluye leyes sobre restricciones dietéticas, festivales y comportamiento ético. Uno de los temas centrales de Levítico es la idea de ser santo porque Dios es santo. Este libro enseña a los israelitas cómo vivir de una manera que honre a Dios y mantenga su relación de pacto con Él. Proporciona pautas tanto para los rituales religiosos como para la conducta cotidiana, asegurando que las vidas de los israelitas estén imbuidas de un sentido de sacralidad.

Números, el cuarto libro, continúa la historia del viaje de los israelitas a través del desierto.

Comienza con un censo del pueblo, de ahí el nombre "Números". El libro registra varios acontecimientos y desafíos que enfrentaron los israelitas durante sus 40 años en el desierto. Estos incluyen rebeliones contra el liderazgo de Moisés, batallas con tribus vecinas y períodos de duda y desobediencia. A pesar de estas luchas, Dios continúa guiando y protegiendo a su pueblo. Números también incluye más leyes e instrucciones de Dios, lo que refuerza la importancia de la obediencia y la fe. El libro concluye con los israelitas a punto de entrar en la Tierra Prometida, preparados para la siguiente fase de su viaje.

Deuteronomio, el quinto y último libro, se presenta como una serie de discursos de Moisés antes de su muerte. En estos discursos, Moisés repasa las leyes y acontecimientos de los libros anteriores, enfatizando la necesidad de lealtad a Dios y adherencia a Sus mandamientos. Deuteronomio incluye el Shemá, una declaración central de la fe judía que comienza con las palabras "Escucha, oh

Israel: El Señor nuestro Dios, el Señor uno es". Este libro también presenta las bendiciones y maldiciones que resultarán de seguir o ignorar las leyes de Dios. Deuteronomio enfatiza la importancia de recordar y enseñar estas leyes a las generaciones futuras. Los discursos de Moisés sirven como un poderoso recordatorio del pacto entre Dios y los israelitas y la necesidad de vivir de acuerdo con Su voluntad. El libro termina con la muerte de Moisés y el nombramiento de Josué como nuevo líder, listo para conducir al pueblo a la Tierra Prometida.

Juntos, los Cinco Libros de Moisés forman la Torá, una guía integral para la vida judía. Contienen una mezcla de narrativas y leyes que dan forma a las prácticas religiosas, éticas y comunitarias del pueblo judío. La Torá se lee y estudia continuamente, lo que garantiza que sus enseñanzas sigan siendo una parte vital de la identidad judía. Cada libro contribuye a la historia general de los israelitas y su relación con Dios, destacando temas de creación, liberación, alianza, ley y fe. La sabiduría eterna de la Torá continúa inspirando y guiando a los judíos de todo el mundo, conectándolos con su antigua herencia y entre sí.

El significado de la Torá en la vida judía

La Torá es fundamental para la vida judía e influye profundamente en las prácticas y rituales diarios. No es sólo un texto sagrado sino una guía viva que da forma a los aspectos morales, espirituales y culturales de la existencia judía. Desde el momento en que nace un niño hasta el final de su vida, las enseñanzas de la Torá están entretejidas en el tejido de la vida diaria judía.

Una de las formas más significativas en que la Torá influye en la vida judía es a través de la observancia de las mitzvot o mandamientos. Hay 613 mitzvot que se encuentran en la Torá y que cubren varios aspectos de la vida. Estos incluyen mandamientos relacionados con la adoración, el comportamiento ético, las leyes dietéticas y la justicia social. Por ejemplo, el mandamiento de observar el sábado, o Shabat, es uno de los más importantes de la tradición judía. Desde el viernes por la noche hasta el sábado por la noche, los judíos se abstienen de trabajar, rezan, disfrutan de comidas festivas y pasan tiempo con la familia, de acuerdo con las instrucciones de la Torá de recordar y santificar el sábado. Esta observancia semanal proporciona un tiempo para el descanso, la reflexión y el rejuvenecimiento espiritual.

La Torá también guía las oraciones y bendiciones diarias. La tradición judía incluye oraciones recitadas tres veces al día: Shajarit (mañana), Minjá (tarde) y Maariv (tarde). Estas oraciones suelen incluir pasajes de la Torá y expresan gratitud, buscan perdón y solicitan asistencia divina. El Shemá, una de las oraciones más importantes, es un mandato directo de la Torá que declara la unidad de Dios y la importancia de amarlo y servirlo con todo el corazón, el alma y las fuerzas. Las bendiciones se recitan antes y después de comer, al ver maravillas naturales y durante muchas otras actividades diarias, recordando a los judíos la presencia de Dios en todos los aspectos de la vida.

Las leyes dietéticas, conocidas como kashrut, son otro aspecto importante de la vida judía influenciado por la Torá. Estas leyes dictan qué alimentos están permitidos (kosher) y cómo deben prepararse y consumirse. Por ejemplo, la Torá prohíbe comer ciertos animales, como cerdos y mariscos, y exige la separación de la carne y los productos lácteos. Estas restricciones dietéticas no sólo influyen en los hábitos alimentarios diarios, sino que también fomentan un sentido de disciplina y atención plena. Mantener el kosher es una forma para que los judíos santifiquen sus comidas y mantengan una conexión continua con su fe.

Los acontecimientos del ciclo de vida están profundamente arraigados en las enseñanzas de la Torá. El nacimiento de un niño se celebra con rituales como el Brit Milá (circuncisión) para los niños, que se realiza al octavo día después del nacimiento, siguiendo la alianza de Dios con Abraham. La Torá también influye en la educación de los niños judíos, quienes comienzan a aprender sobre sus historias y leyes desde una edad temprana. El Bar o Bat Mitzvá, una ceremonia de mayoría de edad a los 13 años para los niños y a los 12 para las niñas, marca el punto en el que se les considera responsables de observar las mitzvot. Este hito se celebra con una ceremonia religiosa donde el joven lee la Torá en la sinagoga, demostrando su compromiso con la vida y el aprendizaje judíos.

El matrimonio en el judaísmo es otra área influenciada por la Torá. La ceremonia nupcial, conocida como Kidushin, incluye varios rituales que reflejan las enseñanzas de la Torá sobre el amor, la colaboración y el compromiso. La pareja firma una ketubah, un contrato matrimonial que describe sus responsabilidades mutuas, y la ceremonia a menudo incluye lecturas de la Torá y bendiciones.

El énfasis de la Torá en la familia y la comunidad se refleja en las celebraciones nupciales, que reúnen a familiares y amigos en alegre apoyo a la pareja.

La Torá también da forma a la conducta ética y las responsabilidades sociales judías. Enseña valores como la justicia, la bondad y la humildad. El mandamiento de "amar a tu prójimo como a ti mismo", que se encuentra en Levítico, es una piedra angular de la ética judía, que promueve la compasión y la empatía en las interacciones con los demás. Las leyes de la Torá sobre la caridad, o tzedaká, exigen que los judíos den una parte de sus ingresos para ayudar a los necesitados, fomentando un sentido de responsabilidad social y solidaridad comunitaria. Estas enseñanzas éticas guían el comportamiento diario e inspiran actos de bondad y generosidad.

Los festivales y días santos son otra forma importante en que la Torá influye en la vida judía. Cada festival tiene rituales y tradiciones específicos arraigados en las narrativas y mandamientos de la Torá. Pesaj, por ejemplo, conmemora el Éxodo de Egipto e incluye la comida del Seder, donde se cuenta la historia de la liberación a través de alimentos simbólicos y lecturas de la Hagadá, un texto derivado de la Torá. Sucot, el Festival de las Tiendas, implica construir y habitar en estructuras temporales para recordar el viaje de los israelitas por el desierto. Shavuot, la Fiesta de las Semanas, celebra la entrega de la Torá en el Monte Sinaí e incluye sesiones de estudio que duran toda la noche. Estos festivales refuerzan las conexiones históricas y espirituales del pueblo judío con sus textos sagrados.

Además de estas prácticas, la Torá también juega un papel central en la educación y el estudio judíos. El estudio de la Torá y sus comentarios se considera una tarea que dura toda la vida. La tradición judía valora el aprendizaje y anima a las personas a interactuar con el texto, explorar sus significados y aplicar sus enseñanzas a la vida contemporánea. Las

Yeshivá (instituciones educativas judías) y los grupos de estudio brindan entornos para un estudio profundo y continuo, donde los estudiantes analizan la Torá y participan en discusiones para descubrir sus capas de significado. Este compromiso con el aprendizaje garantiza que la sabiduría de la Torá se transmita de generación en generación y siga siendo relevante en los tiempos modernos.

La influencia de la Torá se extiende al culto comunitario y a la vida en la sinagoga. La lectura de la Torá es un componente central de los servicios de la sinagoga. Cada semana, se lee en voz alta una porción de la Torá, siguiendo un ciclo anual que culmina con la celebración de Simjat Torá, cuando el ciclo comienza de nuevo. Esta lectura pública refuerza el aspecto comunitario del estudio de la Torá y permite que toda la congregación interactúe con el texto. La Torá es tratada con gran reverencia durante estas lecturas, a menudo adornada con cubiertas y coronas decorativas, y manejada con cuidado y respeto.

El impacto de la Torá en la vida judía es profundo y multifacético. Da forma a las prácticas diarias, la conducta ética, los eventos del ciclo de vida y el culto comunitario. Sus enseñanzas proporcionan un marco para vivir una vida espiritualmente significativa, éticamente sólida y profundamente conectada con la comunidad judía y su herencia. A través de sus mandamientos, historias y sabiduría, la Torá continúa guiando e inspirando a los judíos de todo el mundo, ofreciendo una fuente eterna de guía y fortaleza en su vida diaria.

CAPÍTULO 3

El Talmud y la literatura rabínica

Entendiendo el Talmud

El Talmud es un texto central del judaísmo, sólo superado por la Torá en importancia. Es una recopilación completa de la ley, la ética, las costumbres y la historia judías, desarrollada a lo largo de siglos por numerosos eruditos. Comprender el Talmud requiere conocer sus dos componentes principales: la Mishná y la Guemará.

La Mishná, la primera parte del Talmud, fue compilada alrededor del año 200 d.C. por el rabino Judá el Príncipe. Es una colección escrita de tradiciones orales que se han transmitido de generación en generación. Antes de la Mishná, las enseñanzas judías se transmitían oralmente, pero debido a los trastornos y dispersiones del pueblo judío, era necesario preservar estas enseñanzas por escrito. La Mishná está organizada en seis órdenes, cada una de las cuales se ocupa de diferentes aspectos de la vida judía. Estas órdenes son Zeraim (Semillas), Moed (Festivales), Nashim (Mujeres), Nezikin (Daños), Kodashim (Cosas Santas) y Tohorot (Purezas). Cada orden contiene múltiples tratados, que se dividen a su vez en capítulos y leyes. Por ejemplo, Zeraim trata sobre leyes y oraciones agrícolas, mientras que Nashim aborda cuestiones relacionadas con el matrimonio y la familia.

La Guemará es la segunda parte del Talmud, creada durante los siglos siguientes a la Mishná. La Guemará es un comentario sobre la Mishná, que proporciona más explicaciones, debates e interpretaciones de sus enseñanzas. Hay dos versiones de la Guemará: el Talmud de Jerusalén (Talmud Yerushalmi) y el Talmud de Babilonia (Talmud Bavli). El Talmud de Babilonia, completado alrededor del año 500 d.C., es más completo y está más estudiado que el Talmud de Jerusalén. La Guemará contiene debates y diálogos entre rabinos, conocidos como Amoraim, quienes analizan las leyes de la Mishná y las amplían, a menudo explorando diversas opiniones y perspectivas.

Juntas, la Mishná y la Guemará forman el Talmud, creando un vasto e intrincado cuerpo de conocimiento. El Talmud está escrito en una mezcla de hebreo y arameo, los idiomas hablados por el pueblo judío durante su compilación. Estudiar el Talmud puede resultar un desafío debido a su compleja estructura y la profundidad de sus debates. Sin embargo, se considera una práctica gratificante y esencial para comprender la ley y el pensamiento judíos.

El Talmud aborda casi todos los aspectos de la vida, desde los rituales religiosos y la ética hasta el derecho civil y penal. Incluye debates sobre la oración, leyes dietéticas, matrimonio, comercio y mucho más. Los rabinos que contribuyeron al Talmud a menudo abordaron estos temas a través de preguntas y respuestas, utilizando razonamiento lógico y referencias de las Escrituras para explorar diferentes puntos de vista. Este método de estudio fomenta el pensamiento crítico y el compromiso profundo con el texto.

Una característica clave del Talmud es su estilo dialéctico, donde se presentan y debaten múltiples opiniones. Los rabinos no siempre buscaron llegar a una conclusión final; en cambio, valoraron el proceso de discusión y la exploración de diversas perspectivas. Este enfoque refleja la tradición judía de valorar el diálogo y la interpretación continua. Incluso cuando se alcanza un consenso, las opiniones minoritarias a menudo se preservan en el texto, destacando el respeto por los diversos puntos de vista.

La influencia del Talmud se extiende más allá de la ley religiosa hasta las enseñanzas éticas y filosóficas. Contiene muchas historias, parábolas y dichos que transmiten lecciones morales y conocimientos espirituales. Estas enseñanzas enfatizan valores como la justicia, la bondad, la humildad y la importancia del aprendizaje. Por ejemplo, una enseñanza muy conocida del Talmud es el dicho del rabino Akiva: "Ama a tu prójimo como a ti mismo; este es el gran principio de la Torá". Estas enseñanzas han tenido un profundo impacto en el pensamiento y la práctica judíos a lo largo de la historia.

Estudiar el Talmud se considera una tarea que dura toda la vida. La educación judía tradicional pone gran énfasis en el estudio del Talmúdico, animando a los estudiantes a involucrarse con el texto desde una edad temprana. Las Yeshivá, o instituciones educativas judías, a menudo se centran en gran medida en estudios talmúdicos, donde los estudiantes pasan muchas horas cada día profundizando en sus páginas. El proceso de estudiar el Talmud implica no sólo leer el texto sino también participar en discusiones y debates con compañeros de estudios y profesores, lo que se conoce como estudio de chavruta. Este enfoque colaborativo ayuda a los estudiantes a desarrollar una comprensión más profunda del material y a perfeccionar sus habilidades analíticas.

Las enseñanzas del Talmud se han transmitido de generación en generación, y cada nueva generación de eruditos ha añadido sus interpretaciones y conocimientos. Este proceso continuo de interpretación se conoce como Torá she-be'al peh, la Torá Oral, y garantiza que el Talmud siga siendo un texto vivo y dinámico. A lo largo de la historia, rabinos de renombre, como Rashi y los tosafistas, han escrito numerosos comentarios sobre el Talmud, que brindan más explicaciones y contexto. Estos comentarios a menudo se estudian junto con el Talmud, lo que ofrece niveles adicionales de comprensión.

El impacto del Talmud en la vida judía es profundo y de gran alcance. Proporciona la base de la Halajá, la ley judía, que rige muchos aspectos de la vida diaria. Ya sea que se trate de observar el sábado, realizar negocios o resolver disputas, las enseñanzas del Talmud guían la práctica judía y garantizan la continuidad con la tradición. Su énfasis en el comportamiento ético y la justicia también influye en la vida social y comunitaria judía, promoviendo valores que contribuyen al bienestar de los individuos y la sociedad.

En los tiempos modernos, el Talmud sigue siendo estudiado y venerado por judíos de todo el mundo. Sus enseñanzas no sólo son relevantes para la observancia religiosa, sino que también ofrecen información sobre los dilemas éticos y las cuestiones morales que enfrentamos en la actualidad. El método del Talmud de análisis y debate rigurosos se puede aplicar a cuestiones contemporáneas, proporcionando un marco para una toma de decisiones reflexiva e informada. El proceso de relacionarse con el Talmud fomenta un profundo sentido de conexión con la herencia y la identidad judías, así como un compromiso con el aprendizaje y el crecimiento permanente.

Comprender el Talmud y sus componentes, la Mishná y la Guemará, es esencial para apreciar la riqueza y complejidad de la tradición judía. Las enseñanzas del Talmud han dado forma a la ley, la ética y el pensamiento judíos durante siglos, y su estudio sigue siendo una piedra angular de la educación y la práctica judías. A través de sus intrincados debates y profundas ideas, el Talmud ofrece una fuente eterna de sabiduría y orientación, que conecta a los judíos con su pasado y los inspira a vivir con propósito e integridad.

Textos y comentarios rabínicos clave

Los textos y comentarios rabínicos han desempeñado un papel crucial en la configuración de la ley y la tradición judías a lo largo de la historia. Estos escritos se basan en los cimientos establecidos por la Torá y el Talmud y ofrecen más interpretaciones, fallos legales y conocimientos que continúan guiando la vida judía. Entre los textos rabínicos más importantes se encuentran la Mishná, la Tosefta, el Midrash y los diversos comentarios de rabinos estimados como Rashi, Maimónides y los tosafistas.

La Mishná, compilada por el rabino Judá el Príncipe alrededor del año 200 d.C., es uno de los textos rabínicos más antiguos y significativos. Organiza las tradiciones orales judías en un código legal escrito, proporcionando una descripción completa de los principios y prácticas legales judíos. La Mishná se divide en seis órdenes, cada una de las cuales se ocupa de diferentes aspectos de la vida judía, como las leyes agrícolas, las fiestas, los asuntos familiares, el derecho civil y penal, el servicio en el templo y la pureza ritual. Este texto sirve como base para discusiones e interpretaciones rabínicas posteriores que se encuentran en el Talmud.

Complementando la Mishná está la Tosefta, una colección de enseñanzas que no estaban incluidas en la Mishná. La Tosefta, que significa "suplemento", ofrece conocimientos y opiniones legales adicionales que amplían las enseñanzas de la Mishná. Compilada aproximadamente al mismo tiempo que la Mishná, la Tosefta proporciona un contexto valioso y puntos de vista alternativos, enriqueciendo el estudio de la ley judía.

La literatura midráshica es otra categoría importante de textos rabínicos. El Midrash consiste en interpretaciones homiléticas de las Escrituras hebreas, que a menudo exploran significados y lecciones más profundos derivados del texto bíblico. Las obras midráshicas se pueden dividir en dos tipos principales: Midrash Halacha, que se centra en interpretaciones legales, y Midrash Aggadah, que incluye enseñanzas morales, historias y folclore. Estos escritos tienen como objetivo descubrir capas ocultas de significado en el texto bíblico, conectando las escrituras antiguas con las vidas y experiencias del pueblo judío.

Entre los comentaristas rabínicos más influyentes se encuentra Rashi, el rabino Shlomo Yitzchaki, que vivió en el siglo XI. El comentario de Rashi sobre la Torá y el Talmud es famoso por su claridad y accesibilidad. Sus explicaciones proporcionan conocimientos esenciales sobre el significado claro del texto, así como interpretaciones más profundas que se han convertido en parte integral del estudio judío. El trabajo de Rashi es a menudo el primer comentario que encuentran los estudiantes, y sus enseñanzas siguen siendo una piedra angular de la educación judía.

Maimónides, también conocido como Rambam, fue un filósofo, jurista y médico judío medieval que hizo importantes contribuciones a la ley y el pensamiento judíos. Su obra más famosa, Mishneh

Torá, es un código integral de la ley judía que organiza y aclara sistemáticamente los principios legales que se encuentran en el Talmud. La Mishné Torá cubre todos los aspectos de la vida judía, desde los rituales diarios hasta la conducta ética y la ley civil. La presentación clara y lógica de la ley por parte de Maimónides ha convertido su trabajo en una referencia duradera para la práctica jurídica judía.

Los tosafistas, un grupo de rabinos medievales, son conocidos por sus comentarios sobre el Talmud. Los Tosafot, su trabajo colectivo, consisten en análisis y críticas detalladas del texto talmúdico, que a menudo se centran en resolver contradicciones y explorar cuestiones legales complejas. Los tosafistas se basaron en el comentario de Rashi, proporcionando mayor profundidad y amplitud al estudio talmúdico. Sus contribuciones son esenciales para comprender los matices de la ley talmúdica y su aplicación.

El Shulján Aruj, escrito por el rabino Joseph Caro en el siglo XVI, es otro texto rabínico clave que ha dado forma a la ley y la tradición judías. Esta obra es una codificación de la ley judía, destinada a proporcionar una guía clara y práctica para la observancia diaria. El Shulján Aruj se divide en cuatro secciones: Oraj Jayim (leyes de la vida diaria y festividades), Yoreh De'ah (leyes de kashrut, pureza y otros temas), Even HaEzer (leyes del matrimonio y la familia) y Joshen Mishpat (derecho civil y penal). El rabino Moisés Isserles, conocido como Rema, añadió glosas al Shulján Aruj para incorporar costumbres y prácticas asquenazíes, convirtiéndolo en una guía completa para judíos de diversos orígenes.

Las obras de los cabalistas, o místicos judíos, también desempeñan un papel importante en la literatura rabínica. El Zohar, atribuido al rabino Shimon bar Yochai, es el texto central del pensamiento cabalístico. Escrito en arameo, el Zohar explora las dimensiones místicas de la Torá y ofrece conocimientos profundos sobre la naturaleza de Dios, el universo y el alma. Las enseñanzas cabalísticas han influido en la espiritualidad, la oración y los rituales judíos, añadiendo una dimensión mística a la comprensión de la tradición judía.

La responsa rabínica, o She'elot U-Teshuvot, es otra categoría importante de la literatura rabínica. Se trata de colecciones de preguntas y respuestas sobre diversas cuestiones legales y éticas, escritas por rabinos destacados en respuesta a consultas de sus comunidades. La literatura Responsa abarca muchos siglos y regiones, reflejando la diversidad de la experiencia judía y la adaptabilidad de la ley judía a circunstancias cambiantes. Estos escritos brindan soluciones prácticas a problemas contemporáneos, basadas en los principios de la Torá y el Talmud.

El rabino Moshe Feinstein, una autoridad rabínica del siglo XX, es conocido por su extensa responsa, Igrot Moshe. Sus fallos legales abordan una amplia gama de cuestiones modernas, desde la ética médica hasta los avances tecnológicos, lo que demuestra la relevancia de la ley judía en el mundo contemporáneo. Las responsa del rabino Feinstein son estudiadas tanto por eruditos como por laicos, ofreciendo orientación sobre cómo navegar las complejidades de la vida moderna sin dejar de ser fiel a la tradición judía.

La literatura rabínica también incluye las enseñanzas éticas del movimiento Musar, que surgió en el siglo XIX. El movimiento Musar enfatiza el crecimiento personal y la conducta ética, basándose en textos rabínicos para inspirar la superación personal y el desarrollo espiritual. Obras como Mesillat Yesharim (El camino de los justos) del rabino Moshe Jaim Luzzatto brindan consejos prácticos sobre cómo cultivar virtudes como la humildad, la paciencia y la generosidad. El movimiento Musar ha tenido un impacto duradero en la educación y la práctica ética judía, alentando a las personas a luchar por la excelencia moral.

Estos textos y comentarios rabínicos clave forman un rico tapiz de pensamiento y ley judíos. Se basan en las enseñanzas fundamentales de la Torá y el Talmud y ofrecen más interpretación, orientación e inspiración. A través del estudio de estos escritos, los judíos se conectan con su herencia, profundizan la comprensión de su fe y encuentran dirección práctica y espiritual para sus vidas. Estos textos reflejan la naturaleza dinámica y evolutiva de la tradición judía, asegurando que siga siendo vibrante y relevante a través de generaciones.

El papel de los debates rabínicos en la configuración de la ley judía

Los debates rabínicos han desempeñado un papel crucial en la configuración de la ley judía. Estas discusiones no son sólo ejercicios intelectuales, sino que son esenciales para comprender, interpretar y aplicar las enseñanzas judías a situaciones de la vida real. La tradición de debate y discusión, conocida como machloket, se remonta a los primeros días del judaísmo rabínico y continúa influyendo en la vida judía actual.

Uno de los aspectos fundamentales del debate rabínico es su presencia en el Talmud. El Talmud es una vasta recopilación de enseñanzas, leyes e historias rabínicas, estructuradas en torno a la Mishná. Las discusiones en el Talmud se caracterizan por un análisis detallado y un debate entre rabinos. Estos debates a menudo implican examinar diferentes interpretaciones de una ley, explorar las razones detrás de varias sentencias y considerar las implicaciones de cada perspectiva. El objetivo es alcanzar una comprensión más profunda de la ley y garantizar que se aplique de manera justa y adecuada.

Un ejemplo famoso de debate rabínico son los desacuerdos entre las escuelas de Hillel y Shamai, dos rabinos prominentes que vivieron durante el siglo I a.C. Sus debates cubrieron una amplia gama de temas, desde la pureza ritual hasta el comportamiento ético. El Talmud registra muchos casos en los que las dos escuelas no estuvieron de acuerdo y cada una presentó argumentos bien razonados para sus posiciones. Aunque en general prevalecieron los seguidores de Hillel, el Talmud a menudo preserva los puntos de vista de ambas escuelas, demostrando respeto por las diversas opiniones y el valor de una discusión exhaustiva.

Estos debates sirven para varios propósitos importantes. En primer lugar, garantizan que la ley judía siga siendo dinámica y adaptable. Al participar en el debate, los rabinos pueden considerar nuevas circunstancias y desafíos que tal vez no hayan sido abordados en textos anteriores. Este proceso permite que la ley judía evolucione en respuesta a contextos sociales, culturales y tecnológicos cambiantes. Por ejemplo, los rabinos contemporáneos podrían debatir cuestiones relacionadas con la ética médica, las prácticas comerciales o la responsabilidad ambiental, aplicando principios tradicionales a dilemas modernos.

En segundo lugar, los debates rabínicos promueven una cultura de pensamiento crítico y rigor intelectual. Los estudiantes del Talmud están capacitados para analizar argumentos, identificar principios subyacentes y evaluar diferentes puntos de vista. Este método de estudio fomenta el pensamiento independiente y la capacidad de abordar cuestiones complejas. También fomenta un sentido de humildad, ya que los estudiantes reconocen que ninguna perspectiva tiene todas las respuestas y que siempre hay más que aprender.

En tercer lugar, los debates ayudan a aclarar y perfeccionar la ley judía. Al explorar diferentes interpretaciones y considerar sus implicaciones, los rabinos pueden desarrollar una comprensión más precisa y matizada de la ley. Este proceso a menudo implica identificar los valores subyacentes y los principios éticos que guían los fallos legales. Por ejemplo, los debates sobre la observancia del sábado podrían examinar el equilibrio entre descanso y productividad, o las discusiones sobre leyes dietéticas podrían explorar temas de santidad y disciplina. A través del debate, los rabinos pueden articular estos principios más claramente y garantizar que se apliquen de manera consistente.

La estructura del debate rabínico suele seguir un patrón distintivo. Una discusión talmúdica típica comienza con una pregunta o una declaración de ley, seguida de una serie de argumentos y contraargumentos. Los rabinos podrían citar versículos de las Escrituras, fallos legales anteriores o razonamientos lógicos para respaldar sus posiciones. La discusión puede incluir escenarios hipotéticos para probar la aplicación de la ley en diferentes contextos. Finalmente, el debate puede concluir con una resolución o una declaración que reconozca la validez de múltiples perspectivas.

Este método dialéctico se conoce como pilpul, que significa "pimienta" en hebreo, lo que refleja el carácter agudo y estimulante de las discusiones. Pilpul anima a los estudiantes a pensar profundamente y a interactuar con el texto de una manera animada e interactiva. También enfatiza la importancia del diálogo y la colaboración en la búsqueda de la verdad. En lugar de intentar ganar una discusión, el objetivo es llegar a una comprensión más amplia de la ley.

Uno de los resultados más significativos del debate rabínico es el desarrollo de la literatura responsa, o She'elot U-Teshuvot. Las responsa son respuestas escritas de rabinos a preguntas legales específicas planteadas por individuos o comunidades. Estos textos a menudo implican análisis y debates detallados, basándose en el Talmud y otras fuentes rabínicas para proporcionar decisiones autorizadas. La literatura responsa abarca muchos siglos y cubre una amplia gama de temas, desde rituales religiosos hasta derecho civil.

Responsa juega un papel crucial en la adaptación de la ley judía a nuevas situaciones. Por ejemplo, una comunidad podría buscar orientación sobre cómo observar el sábado en una sociedad industrial, o un individuo podría preguntar sobre las implicaciones éticas de un nuevo procedimiento médico. Al responder a estas preguntas, los rabinos participan en debates y análisis, considerando los principios y precedentes relevantes. Sus fallos contribuyen al desarrollo continuo de la ley judía, asegurando que siga siendo relevante y receptiva a los desafíos contemporáneos.

Otro aspecto importante del debate rabínico es su papel en el fomento de la cohesión comunitaria y el comportamiento ético. Al participar en el debate, los rabinos modelan un proceso de desacuerdo respetuoso y diálogo constructivo. Este enfoque ayuda a construir un sentido de comunidad y valores compartidos, incluso frente a opiniones diferentes. También enfatiza la importancia de la conducta ética, ya que los debates a menudo exploran las dimensiones morales de las cuestiones legales. Por ejemplo, las discusiones sobre caridad podrían considerar el equilibrio entre la responsabilidad individual y el apoyo comunitario, o los debates sobre ética empresarial podrían abordar cuestiones de honestidad y justicia.

Los debates rabínicos también resaltan la importancia de la intención y el contexto en los fallos legales. El Talmud a menudo considera las motivaciones y circunstancias detrás de las acciones, reconociendo que el mismo comportamiento puede tener diferentes implicaciones según el contexto. Este enfoque en la intención y el contexto permite una aplicación más flexible y compasiva de la ley, teniendo en cuenta las complejidades del comportamiento humano.

Los debates rabínicos son un aspecto fundamental de la ley y la tradición judías. Garantizan que la ley siga siendo dinámica y adaptable, promueven el pensamiento crítico y el rigor intelectual y ayudan a aclarar y perfeccionar los principios legales. A través del método dialéctico del pilpul, los rabinos entablan un diálogo animado y constructivo, exploran diferentes perspectivas y llegan a una comprensión más profunda de la ley. La literatura Responsa y el énfasis en la intención y el contexto contribuyen aún más al desarrollo de la ley judía, asegurando que siga siendo relevante y receptiva a las necesidades de la comunidad. En última instancia, los debates rabínicos reflejan los valores de humildad, colaboración y conducta ética, guiando al pueblo judío en su búsqueda de la justicia y la santidad.

CAPÍTULO 4

Ley judía (Halajá)

La estructura y fuentes de la ley judía (Halajá)

La ley judía, conocida como Halajá, es un sistema integral que guía casi todos los aspectos de la vida judía. Abarca rituales religiosos, comportamiento ético y asuntos civiles, proporcionando un marco para vivir de acuerdo con los valores y tradiciones judíos. La estructura y las fuentes de la Halajá son complejas, están arraigadas en textos antiguos y moldeadas por siglos de interpretación y debate rabínicos.

La fuente principal de la ley judía es la Torá, que consta de los primeros cinco libros de la Biblia hebrea: Génesis, Éxodo, Levítico, Números y Deuteronomio. La Torá se considera el texto fundamental del judaísmo y contiene los mandamientos, historias y enseñanzas que definen la fe judía. Dentro de la Torá, hay 613 mandamientos, o mitzvot, que incluyen tanto mandamientos positivos (cosas que los judíos deben hacer) como mandamientos negativos (cosas que los judíos tienen prohibido hacer). Estos mandamientos cubren una amplia gama de áreas, incluida la observancia religiosa, la conducta moral y la justicia social.

Si bien la Torá proporciona la base, la interpretación y aplicación de sus mandamientos se elaboran en el Talmud. El Talmud es un texto central del judaísmo rabínico y consta de dos componentes principales: la Mishná y la Guemará. La Mishná, compilada alrededor del año 200 d.C. por el rabino Judá el Príncipe, organiza las tradiciones orales judías en un código de ley escrito. Está dividido en seis órdenes, cada una de las cuales se ocupa de diferentes aspectos de la vida judía, como las leyes agrícolas,

las fiestas, los asuntos familiares, el derecho civil y penal, el servicio del templo y la pureza ritual.

La Guemará, que fue compilada a lo largo de los siglos siguientes, es un comentario sobre la Mishná que explora y amplía sus enseñanzas. La Guemará incluye debates, interpretaciones e historias que brindan una visión más profunda de las leyes descritas en la Mishná. Juntas, la Mishná y la Guemará forman el Talmud, que se divide en dos versiones: el Talmud de Babilonia y el Talmud de Jerusalén. El Talmud de Babilonia es más completo y es la versión más comúnmente estudiada.

Los dictámenes y comentarios rabínicos también son fuentes esenciales de la Halajá. A lo largo de la historia, los rabinos han escrito extensos comentarios sobre la Torá y el Talmud, ofreciendo interpretaciones y fallos legales que abordan nuevas situaciones y desafíos. Uno de los comentaristas rabínicos más famosos es Rashi, que vivió en el siglo XI. Los comentarios de Rashi sobre la Torá y el Talmud son muy apreciados por su claridad y profundidad, y brindan conocimientos esenciales que ayudan a explicar el texto.

Maimónides, otro influyente erudito rabínico, compiló la Mishné Torá en el siglo XII. Esta obra organiza y codifica sistemáticamente la ley judía, haciéndola más accesible y fácil de estudiar. La Mishné Torá cubre todos los aspectos de la vida judía, desde los rituales diarios hasta la conducta ética y la ley civil. El enfoque lógico e integral de Maimónides ha hecho de su trabajo una referencia duradera para la práctica jurídica judía.

El Shulján Aruj, escrito por el rabino Joseph Caro en el siglo XVI, es otro texto clave en el estudio de la Halajá. El Shulján Aruj es una codificación de la ley judía que proporciona una guía clara y práctica para la observancia diaria. Está dividido en cuatro secciones: Orach Chayim (leyes de la vida diaria y festividades), Yoreh De'ah (leyes de kashrut, pureza y otros temas), Even HaEzer (leyes del matrimonio y la familia) y Choshen Mishpat (leyes civiles y derecho penal). El rabino Moisés Isserles, conocido como Rema, añadió glosas al Shulján Aruj para incorporar costumbres y prácticas asquenazíes, convirtiéndolo en una guía completa para judíos de diversos orígenes.

Además de estas obras importantes, la responsa rabínica, o She'elot U-Teshuvot, desempeña un papel crucial en el desarrollo de la Halajá. Las responsa son respuestas escritas de rabinos a preguntas legales específicas planteadas por individuos o comunidades. Estos textos a menudo implican análisis y debates detallados, basándose en la Torá, el Talmud y otras fuentes rabínicas para proporcionar decisiones autorizadas. La literatura responsa abarca muchos siglos y cubre una amplia gama de temas, desde rituales religiosos hasta derecho civil.

Responsa ayuda a adaptar la ley judía a nuevas situaciones y desafíos. Por ejemplo, los rabinos contemporáneos podrían escribir respuestas que aborden cuestiones relacionadas con la tecnología moderna, la ética médica o los cambios sociales. Al participar en análisis y debates detallados, garantizan que la ley judía siga siendo relevante y responda a las necesidades contemporáneas. Este proceso de interpretación y adaptación refleja la naturaleza dinámica de la Halajá, que evoluciona con el tiempo sin dejar de estar arraigada en tradiciones antiguas.

Otra fuente importante de Halajá es el conjunto de minhagim, o costumbres, que se han desarrollado dentro de diferentes comunidades judías. Las costumbres pueden variar ampliamente según factores geográficos, culturales e históricos. Por ejemplo, los judíos sefardíes (descendientes de judíos de España, Portugal y Oriente Medio) y los judíos asquenazíes (descendientes de judíos de Europa central y oriental) tienen diferentes prácticas litúrgicas, costumbres dietéticas y observancias rituales. Si bien las costumbres no son tan vinculantes como las leyes derivadas de la Torá y el Talmud, desempeñan un papel importante en la configuración de la vida cotidiana y las identidades de las comunidades judías.

El proceso de estudio e interpretación de la Halajá es continuo y colaborativo. Los eruditos y estudiantes judíos participan en estudios rigurosos, a menudo en parejas o grupos, para analizar textos, discutir interpretaciones y explorar principios legales. Este método de estudio, conocido como chavruta, fomenta el pensamiento crítico, el diálogo y el desarrollo de conexiones personales profundas con el material. A través de javruta, los estudiantes aprenden a cuestionar, debatir y perfeccionar su comprensión de la ley judía.

El estudio halájico también se guía por principios y valores éticos. La ley judía enfatiza la justicia, la compasión y el respeto por la dignidad humana. Estos valores informan los fallos legales y garantizan que la Halajá promueva no sólo la observancia ritual sino también la conducta ética. Por ejemplo, las leyes relacionadas con la caridad (tzedaká), las prácticas comerciales justas y el trato a los demás reflejan las dimensiones éticas de la Halajá.

La estructura y las fuentes de la Halajá tienen sus raíces en la Torá, se expandieron a través del Talmud y se desarrollaron aún más mediante normas y responsa rabínicas. Obras importantes como Mishné Torá y Shulján Aruj proporcionan guías completas de la ley judía, mientras que los minhagim reflejan las diversas costumbres de las comunidades judías. El estudio y la interpretación de la Halajá son procesos dinámicos que implican análisis, debate y reflexión ética rigurosos. A través de este compromiso continuo con los textos y tradiciones judíos, la Halajá sigue siendo un marco vivo y en evolución que guía la vida diaria y la conducta ética de los judíos en todo el mundo.

Prácticas y rituales diarios

Las prácticas y rituales diarios son fundamentales para la vida judía y proporcionan estructura y significado desde la mañana hasta la noche. La ley judía, o Halajá, prescribe diversas actividades que ayudan a las personas a conectarse con su fe, su comunidad y Dios. Estas prácticas están diseñadas para infundir significado espiritual a las acciones cotidianas, recordando a los judíos sus compromisos y valores.

Uno de los primeros rituales del día comienza inmediatamente al despertar. La tradición judía anima a las personas a recitar la oración "Modeh Ani", una breve pero significativa expresión de gratitud por el regalo de un nuevo día. Esta oración establece un tono positivo, fomentando una actitud de agradecimiento desde el comienzo del día. Después de lavarse las manos de una manera específica, conocida como "Netilat Yadayim", para simbolizar la pureza espiritual, los judíos están listos para continuar con sus rutinas matutinas.

Las oraciones de la mañana, o "Shacharit", son la piedra angular de la práctica judía diaria. Estas oraciones se pueden recitar individualmente o, preferiblemente, con un minyan, un quórum de diez judíos adultos necesario para el culto comunitario. El servicio de Shacharit incluye varias oraciones clave, como el "Shemá", una declaración de fe en un solo Dios, y la "Amidá", una serie de bendiciones que cubren varios aspectos de la vida, desde la salud hasta la paz. Durante estas oraciones se usa el Talit, un chal de oración, junto con los Tefilín, pequeñas cajas negras que contienen rollos de versos de la Torá, que se atan al brazo y la frente como recordatorio de los mandamientos de Dios.

Después de las oraciones de la mañana, normalmente comienzan las actividades del día, pero la ley judía continúa guiando el comportamiento y las elecciones. Por ejemplo, las leyes dietéticas, conocidas como "Kashrut", rigen qué alimentos se pueden comer y cómo se deben preparar. Estas leyes incluyen prohibiciones contra el consumo de ciertos animales, como carne de cerdo y mariscos, y reglas sobre la separación de carne y productos lácteos. Seguir estas restricciones dietéticas es una práctica diaria que conecta a los judíos con su herencia y promueve la atención plena sobre la elección de alimentos.

A lo largo del día, se anima a los judíos a recitar bendiciones o "berajot" mientras comen y beben, y en otras ocasiones. Estas bendiciones reconocen el papel de Dios al proporcionar sustento y otros beneficios. Por ejemplo, antes de comer pan, se recita la bendición "Hamotzi", mientras que se dicen diferentes bendiciones sobre frutas, verduras y otros alimentos. También hay bendiciones por ver maravillas naturales, escuchar buenas noticias y cumplir mitzvot (mandamientos). Estas bendiciones crean oportunidades para momentos frecuentes e intencionales de gratitud y reflexión.

A medida que avanza el día, surgen oportunidades adicionales de oración. El servicio "Minjá", u oración de la tarde, incluye la Amidá y otras oraciones. Generalmente es más corto que el servicio de la mañana, pero sigue siendo una parte importante del culto diario. Orar en horarios fijos ayuda a estructurar el día en torno a la práctica espiritual, proporcionando pausas regulares para la reflexión y la conexión con Dios.

Las oraciones vespertinas, o "Ma'ariv", concluyen el ciclo de oración del día. Al igual que los servicios de la mañana y la tarde, Ma'ariv incluye el Shemá y la Amidá. Una parte importante del ritual nocturno es la recitación del Shemá antes de acostarse, reafirmando la fe en Dios como último acto consciente del día. Esta práctica refuerza un sentido de continuidad y devoción, incluso durante el descanso.

Shabat, el sábado judío, representa la culminación de las prácticas semanales y ofrece un tiempo dedicado al descanso y al rejuvenecimiento espiritual. Desde el viernes por la tarde hasta el sábado por la noche, los judíos se abstienen de trabajar y se dedican a actividades de descanso. La observancia del Shabat incluye encender velas, recitar bendiciones sobre el vino (Kiddush) y compartir comidas festivas. La ceremonia "Havdalá" marca el final del Shabat y utiliza una vela trenzada, vino y especias aromáticas para simbolizar la transición de regreso a la semana ordinaria.

La ley judía también prescribe prácticas relacionadas con el comportamiento social y la conducta ética. Honrar a los padres, realizar actos de bondad y tratar a los demás con respeto y justicia son obligaciones diarias. La caridad, o "tzedaká", es un principio central que anima a los judíos a apoyar a los necesitados. Estas prácticas éticas se consideran tan integrales a la vida judía como las observancias rituales.

El aprendizaje y el estudio también son prácticas diarias en el judaísmo. Se valora mucho el estudio de la Torá y otros textos judíos, con la creencia de que interactuar con los textos sagrados mejora el crecimiento y la comprensión espiritual. Esto puede tomar la forma de estudio personal, asistir a clases o participar en grupos de estudio. Las sesiones periódicas de aprendizaje, ya sea leyendo una porción de la Torá, explorando el Talmud o discutiendo el pensamiento judío contemporáneo, ayudan a profundizar el conocimiento y la conexión con las tradiciones judías.

Además de estas prácticas estructuradas, la ley judía fomenta la atención plena en el habla y la conducta. El principio de "lashon hara", o discurso dañino, enseña a los judíos a evitar los chismes y a hablar amablemente de los demás. Esta práctica diaria promueve un ambiente comunitario positivo y respetuoso. De manera similar, el concepto de "derech eretz", que significa conducta o etiqueta adecuada, guía a los judíos a comportarse con dignidad y respeto en todas las interacciones.

Los rituales judíos también incluyen eventos del ciclo de vida, que son hitos importantes marcados con prácticas y ceremonias específicas. Por ejemplo, el nacimiento de un niño se celebra con un "brit milah" (circuncisión) para los niños o una ceremonia de nombramiento para las niñas. El "bar mitzvah" o "bat mitzvah" marca la transición a la edad adulta, en la que los niños y niñas asumen las responsabilidades de la ley judía. El matrimonio también se celebra con ceremonias tradicionales, incluida la firma de una "ketubah" (contrato matrimonial) y la rotura de un vaso para recordar la destrucción del Templo de Jerusalén, incluso en ocasiones alegres.

Los rituales de muerte y duelo, como sentarse en "shiva" (un período de luto de siete días) y recitar la oración "Kaddish", brindan apoyo y estructura en momentos de pérdida. Estas prácticas ayudan a los dolientes a superar el duelo mientras mantienen conexiones con la comunidad y la tradición.

Las prácticas y rituales diarios judíos están profundamente entrelazados con todos los aspectos de la vida, guiando el comportamiento desde el momento de despertarse hasta la hora de acostarse. Las oraciones de la mañana, la tarde y la noche crean un ritmo de adoración a lo largo del día. Las leyes dietéticas, las bendiciones y la conducta ética están entretejidas en las actividades diarias, fomentando una conciencia continua de los valores espirituales y morales. Se enfatiza el estudio y el aprendizaje, potenciando el crecimiento personal y comunitario. Los eventos del ciclo vital y la observancia del Shabat brindan oportunidades especiales para la celebración y la reflexión. Juntas, estas prácticas crean un marco integral para vivir una vida llena de fe, tradición y propósito.

Observando el sábado y las festividades

La observancia del sábado, conocido como Shabat, y las principales festividades judías son partes esenciales de la vida judía, cada una con su propio conjunto de leyes y costumbres que aportan ritmo y significado al año. Shabat, que comienza al atardecer del viernes y termina al anochecer del sábado, es un día semanal de descanso y enriquecimiento espiritual. Las principales festividades judías, incluidas Pesaj, Shavuot, Rosh Hashaná, Yom Kipur, Sucot y Hanukkah, marcan importantes acontecimientos históricos y religiosos, cada uno de los cuales se celebra con tradiciones y rituales únicos.

Shabat es un día apartado del resto de la semana, dedicado al descanso, la oración y la familia. La observancia del Shabat comienza el viernes por la noche con el encendido de velas, un ritual que significa la transición de la semana ordinaria al tiempo sagrado del Shabat. Esto lo suele hacer la mujer de la casa, quien recita una bendición sobre las velas, trayendo luz y paz al hogar.

Después del encendido de las velas, la familia se reúne para una comida festiva, que comienza con la recitación del Kidush, una bendición acompañada de una copa de vino. Esta bendición santifica el día y expresa gratitud por el regalo del Shabat. La comida suele incluir jalá, un pan trenzado especial, que se bendice y se comparte entre los presentes. La cena suele incluir platos tradicionales y es un momento de relajación y disfrute.

Una de las prohibiciones centrales del Shabat es evitar el trabajo, o "melajá". Este concepto abarca 39 categorías de actividades creativas, como cocinar, encender un fuego, escribir y utilizar dispositivos eléctricos. El propósito de estas restricciones es crear un ambiente tranquilo y pacífico, que permita a las personas concentrarse en la reflexión espiritual y personal sin las distracciones de las tareas cotidianas.

Durante Shabat, los judíos asisten a los servicios de la sinagoga donde participan en las oraciones y la lectura de la Torá. La lectura de la Torá en Shabat es lo más destacado, con una porción específica leída cada semana, de modo que toda la Torá se complete a lo largo del año. Estos servicios fomentan un sentido de comunidad y brindan una oportunidad para el culto y el aprendizaje comunitarios.

El final del Shabat está marcado por la ceremonia de Havdalá, un ritual multisensorial que significa la separación entre el tiempo sagrado del Shabat y los días laborables ordinarios. Esta ceremonia incluye bendiciones sobre el vino, especias aromáticas y una vela trenzada especial, creando una conclusión memorable y significativa para el día de descanso.

Las fiestas judías, o "chagim", tienen cada una sus propias costumbres y observancias distintivas.

Pascua, o Pesaj, celebra el Éxodo de Egipto y la liberación de los israelitas de la esclavitud. Comienza con el Seder, una comida festiva que incluye la lectura de la Hagadá, texto que narra la historia del Éxodo. Durante los ocho días de Pesaj, los judíos se abstienen de comer pan con levadura, o jametz, para conmemorar la prisa con la que los israelitas abandonaron Egipto, al no tener tiempo de dejar fermentar el pan.

Shavuot, que ocurre siete semanas después de Pesaj, conmemora la entrega de la Torá en el Monte Sinaí. Se celebra con la lectura de los Diez Mandamientos y es costumbre estudiar Torá durante toda la noche. Tradicionalmente se comen productos lácteos, como tarta de queso y blintzes, que simbolizan la dulzura de la Torá y la tierra de la leche y la miel.

Rosh Hashaná, el Año Nuevo judío, es un momento de reflexión, arrepentimiento y renovación. Se observa con el sonido del shofar, un cuerno de carnero, que sirve como llamado a despertar el alma e inspirar la introspección. Se comen alimentos tradicionales, como manzanas bañadas en miel, para simbolizar la esperanza de un dulce año nuevo.

Yom Kipur, el Día de la Expiación, es el día más sagrado del calendario judío. Es un día de ayuno, oración y arrepentimiento, durante el cual los judíos buscan el perdón de sus pecados y se esfuerzan por enmendar sus pecados. El día se pasa en la sinagoga, con servicios intensivos de oración que incluyen la recitación del Vidui o confesión de pecados.

Sucot, la Fiesta de los Tabernáculos, conmemora el viaje de los israelitas a través del desierto y su confianza en Dios. Durante este festival de siete días, los judíos habitan en estructuras temporales llamadas sucot, que recuerdan los refugios utilizados durante la estancia en el desierto. La sucá está decorada con vegetación y frutas, y en su interior se comen las comidas. Otro ritual clave de Sucot es agitar el lulav y el etrog, que son plantas simbólicas que representan diferentes aspectos de la naturaleza y las cualidades humanas.

Hanukkah, el Festival de las Luces, celebra la nueva dedicación del Segundo Templo en Jerusalén y el milagro del aceite que ardió durante ocho días. Cada noche de Hanukkah, se enciende una vela en la menorá, añadiendo una vela adicional cada noche hasta que las ocho estén encendidas. Se comen alimentos tradicionales fritos en aceite, como latkes (tortitas de patata) y sufganiyot (rosquillas de gelatina), y se juegan juegos como el trompo.

Simjat Torá marca la finalización del ciclo anual de lectura de la Torá y el comienzo de un nuevo ciclo. Es una celebración alegre con cantos, bailes y procesiones con rollos de la Torá. Este festival enfatiza la importancia de la Torá en la vida judía y la alegría de sus enseñanzas.

Purim, una fiesta que conmemora la salvación del pueblo judío del complot de Amán en el Libro de

Ester, se celebra con la lectura de la Meguilá (Libro de Ester), entrega de obsequios de comida, caridad a los pobres y una comida festiva. A menudo se usan disfraces y máscaras, y la historia de Ester se dramatiza de manera lúdica, lo que la convierte en una fiesta particularmente divertida y atractiva, especialmente para los niños.

Estas festividades y la observancia del Shabat proporcionan un marco para la vida judía, enriqueciéndola con significado, tradición y vínculos comunitarios. Cada ritual y costumbre sirve como un recordatorio de la historia, los valores y la relación continua de los judíos con Dios. A través de estas prácticas, los judíos se conectan con su herencia, celebran su identidad y encuentran inspiración y guía en su vida diaria.

CAPÍTULO 5

Oración y adoración judía

La Sinagoga: Centro de Culto Judío

La sinagoga, o shul, ocupa un lugar central en el culto judío y la vida comunitaria. Sirve como casa de oración, lugar de estudio y espacio de reunión para la comunidad judía. La palabra "sinagoga" proviene de la palabra griega que significa "asamblea", lo que refleja su función como centro comunitario. En hebreo, a menudo se le llama "beit knesset", que significa "casa de reunión".

En el corazón de la sinagoga se encuentra el Arca, o "Aron Kodesh", que alberga los rollos de la Torá. Estos rollos son fundamentales para el culto judío y están meticulosamente escritos a mano en pergamino. El Arca suele estar situada en el muro oriental, de cara a Jerusalén, simbolizando la conexión con Tierra Santa. Cuando se abre el Arca para sacar los rollos de la Torá, es un momento de reverencia y asombro, que resalta el carácter sagrado de la Torá.

Los servicios en la sinagoga se estructuran en torno a la oración y la lectura de la Torá. Los servicios de oración judíos se llevan a cabo tres veces al día: Shacharit (mañana), Mincha (tarde) y Ma'ariv (tarde). En Shabat y días festivos se añade un servicio adicional llamado Musaf. Estos servicios incluyen una serie de oraciones y bendiciones, como el Shemá, que declara la unidad de Dios, y la Amidá, una serie de 18 bendiciones que se recitan estando de pie.

La lectura de la Torá es un componente clave del culto en la sinagoga. Los lunes, jueves y sábados se lee en voz alta una porción de la Torá. Esta práctica garantiza que se lea toda la Torá en el transcurso de un año. En Shabat, la lectura de la Torá es más larga y suele ir acompañada de una lectura de la Haftará, una selección de los Profetas. La lectura pública de la Torá es un evento comunitario, en el que se llama a los miembros de la congregación para recitar bendiciones antes y después de la lectura de cada sección.

La sinagoga también sirve como centro de educación judía. Muchas sinagogas tienen escuelas adjuntas o ofrecen clases de religión tanto para niños como para adultos. Estos programas educativos cubren una amplia gama de temas, incluido el idioma hebreo, la historia judía, el estudio de la Torá y las prácticas religiosas. El objetivo es profundizar la comprensión de la comunidad sobre su fe y herencia, asegurando la transmisión del conocimiento judío de una generación a la siguiente.

Además de su papel en el culto y la educación, la sinagoga es un lugar para actividades sociales y comunitarias. Alberga eventos como celebraciones del ciclo de vida, incluidos bar y bat mitzvahs, bodas y brit milá (ceremonias de circuncisión).

Estos eventos fortalecen los lazos dentro de la comunidad y brindan un sentido de pertenencia y apoyo.

Uno de los aspectos más importantes de la sinagoga es su función como casa de reunión. Es un lugar donde los judíos se reúnen no sólo con fines religiosos sino también para la interacción social y el apoyo comunitario. Este aspecto comunitario es vital para fomentar un sentido de unidad e identidad compartida entre los miembros. En tiempos de alegría y tristeza, la comunidad de la sinagoga se reúne para celebrar y brindar consuelo y apoyo.

La sinagoga también desempeña un papel crucial en las actividades caritativas. Muchas sinagogas tienen comités dedicados a la acción social y la filantropía, organizando esfuerzos para ayudar a los necesitados dentro y fuera de la comunidad. Esto puede incluir colectas de alimentos, donaciones de ropa y trabajo voluntario. Estas actividades reflejan el valor judío del "tikkun olam", o reparar el mundo, enfatizando la importancia de la justicia social y la ayuda a los demás.

Las sinagogas varían en tamaño y estilo, desde edificios grandes y ornamentados hasta espacios pequeños y modestos. Independientemente de su apariencia física, la esencia de la sinagoga radica en su función como centro espiritual y comunitario. La arquitectura de una sinagoga a menudo incluye símbolos y elementos que reflejan la tradición judía, como la estrella de David, la menorá e inscripciones en hebreo. Estos elementos de diseño mejoran la sensación de espacio sagrado y conectan a los fieles con su herencia religiosa.

En la sinagoga, el papel del rabino es fundamental. El rabino actúa como líder espiritual, maestro y guía de la comunidad. Dirigen servicios, pronuncian sermones, brindan atención pastoral y ofrecen orientación sobre asuntos religiosos y éticos. El cantor, o "chazzan", también desempeña un papel importante, dirigiendo a la congregación en oración y canto. Su conocimiento de las melodías litúrgicas y su capacidad de inspirar a través de la música mejoran la experiencia de adoración.

Para los niños, la sinagoga suele ser su primera introducción a la vida y el aprendizaje judíos. Muchas sinagogas tienen escuelas religiosas o escuelas hebreas que brindan educación sobre las tradiciones judías, los días festivos y el idioma hebreo. Estos programas están diseñados para ser atractivos e interactivos, ayudando a los niños a conectarse con su herencia de una manera significativa. Actividades como celebraciones navideñas, artes y manualidades y narraciones de cuentos hacen que el aprendizaje sobre el judaísmo sea agradable y memorable.

El papel de la sinagoga se extiende más allá de los muros del edificio. Sirve como punto focal para la comunidad judía, fomentando un sentido de pertenencia e identidad. Ya sea a través de la oración, el estudio, eventos sociales o actividades caritativas, la sinagoga ayuda a crear una comunidad vibrante y solidaria. Es un lugar donde las personas pueden explorar su espiritualidad, profundizar sus conocimientos y conectarse con otras personas que comparten su fe y sus valores.

La sinagoga es mucho más que un simple lugar de culto. Es el corazón de la vida comunitaria judía y proporciona un espacio para la oración, la educación, la interacción social y el apoyo comunitario. A través de sus diversas funciones y actividades, la sinagoga ayuda a sostener y enriquecer la vida judía, asegurando que las tradiciones y valores del judaísmo se transmitan de generación en generación.

El Sidur: Libro de oración judío

El Sidur es el libro de oraciones judío, un compañero esencial para las oraciones diarias y festivas. Su nombre proviene de la palabra hebrea "seder", que significa "orden", y refleja la disposición estructurada de las oraciones dentro de sus páginas. El Sidur guía a los judíos a través de las diversas etapas de sus servicios de oración, brindándoles una manera consistente y significativa de conectarse con Dios. Es un depósito de siglos de tradición, liturgia y poesía religiosa, y ofrece un rico tapiz de palabras que ayudan a las personas a expresar su devoción, gratitud y esperanzas.

En el centro del Sidur hay varias oraciones clave que se recitan diariamente. La oración más central es la Amidá, también conocida como Shemoneh Esrei, que significa "Dieciocho bendiciones". Aunque originalmente constaba de dieciocho bendiciones, más tarde se añadió una decimonovena, con lo que el total ascendió a diecinueve. La Amidá se recita de pie y en un tono personal y tranquilo, simbolizando una conversación directa e íntima con Dios. Esta oración incluye pedidos de sabiduría, salud, perdón y paz, entre otras cosas, y refleja una amplia gama de necesidades y aspiraciones humanas.

Otra oración fundamental del Sidur es el Shemá, que declara la unidad de Dios y se recita dos veces al día, por la mañana y por la tarde. El Shemá consta de tres párrafos tomados de la Torá, que enfatizan el amor y el compromiso con Dios, la importancia de enseñar estos valores a los niños y el recuerdo de los mandamientos de Dios. El Shemá a menudo se considera la oración más importante del judaísmo porque resume la creencia central en el monoteísmo.

El Sidur también incluye las bendiciones de la mañana, o Birkot HaShachar, que se recitan al despertar. Estas bendiciones expresan gratitud por los dones simples pero profundos de la vida, como la capacidad de ver, pararse y moverse. También reconocen el papel de Dios al brindar sabiduría y fortaleza, estableciendo un tono positivo y consciente para el día.

Los Pesukei D'Zimra, o "Versos de alabanza", son una serie de salmos y pasajes bíblicos incluidos en el servicio matutino. Estos versículos preparan al adorador para las partes principales del servicio, alabando la creación y las obras de Dios. Entre ellos se encuentra el Salmo 145, también conocido como Ashrei, que resalta la bondad de Dios y el gozo de confiar en Él.

Durante el Shabat y los festivales, el Sidur guía a los fieles a través de oraciones y rituales adicionales. Por ejemplo, el servicio de Kabbalat Shabat, que da la bienvenida al sábado, incluye la recitación de seis salmos, correspondientes a los seis días de la creación, y el himno "Lecha Dodi", que poéticamente da la bienvenida a la "novia del sábado". El Shabat Amidá incluye pasajes especiales que reflejan los temas de descanso y santidad asociados con el sábado.

En los festivales, el Sidur contiene oraciones especiales que se relacionan con la festividad específica que se celebra. Por ejemplo, en Pesaj, se recita el Hallel, una serie de salmos de alabanza, para conmemorar la liberación de los israelitas de la esclavitud en Egipto. Durante Sucot, se añaden oraciones que mencionan las cuatro especies (etrog, lulav, hadass y aravá) que se saludan en una ceremonia especial.

El Sidur no es sólo para el culto comunitario en la sinagoga sino también para uso personal y familiar. Muchas familias utilizan el Sidur para oraciones diarias, bendiciones antes y después de las comidas y ocasiones especiales como bodas, nacimientos y bendiciones de la casa. El Sidur proporciona una estructura para estos momentos, ofreciendo palabras que han sido santificadas por la tradición y compartidas por generaciones.

Uno de los aspectos significativos del Sidur es su reflejo de la diversa historia y costumbres del pueblo judío. Diferentes comunidades judías, como la asquenazí, la sefardí y la mizrají, tienen sus propias versiones del Sidur, que incluyen variaciones en la redacción, la pronunciación y oraciones adicionales específicas de sus tradiciones. A pesar de estas diferencias, la estructura central y los temas del Sidur siguen siendo consistentes, uniendo a los judíos de todo el mundo en una práctica litúrgica común.

La estructura del Sidur puede variar ligeramente dependiendo de la comunidad específica, pero generalmente sigue un orden similar. Comienza con las bendiciones de la mañana y las oraciones preliminares, seguidas por las secciones principales de Shajarit (servicio de la mañana), Minjá (servicio de la tarde) y Ma'ariv (servicio de la tarde). Cada uno de estos servicios tiene su propio conjunto de oraciones, pero todos incluyen componentes clave como el Shemá y la Amidá.

En ocasiones especiales, como Shabat y festivales, el Sidur incluye secciones adicionales para Musaf, un servicio extra que conmemora los sacrificios adicionales que se ofrecían en el Templo de Jerusalén. El Musaf Amidah refleja los temas de la festividad particular e incluye oraciones por la restauración del Templo y la reunión de los exiliados.

El Sidur también incluye oraciones para ocasiones especiales e hitos personales. Por ejemplo, hay bendiciones para un nuevo mes (Rosh Jodesh), oraciones por viajar (Tefilat HaDerej) y bendiciones por ver maravillas naturales como un arco iris o una tormenta eléctrica. Estas oraciones conectan las experiencias cotidianas con un sentido de presencia y propósito divinos.

Además de las oraciones mismas, el Sidur a menudo contiene instrucciones y comentarios para ayudar a los fieles a comprender el significado y la recitación adecuada de cada oración. Esto puede incluir explicaciones de los significados de las oraciones, contexto histórico y pautas para la pronunciación y práctica correctas. Estas notas hacen del Sidur no sólo un libro de oraciones sino también una herramienta para el aprendizaje y el crecimiento espiritual.

El Sidur sirve como puente entre el individuo y lo divino, ofreciendo palabras que pueden expresar los sentimientos más profundos del corazón. Ya sea en momentos de alegría, tristeza, gratitud o necesidad, el Sidur proporciona un lenguaje para la oración que se ha ido perfeccionando a lo largo de siglos. Conecta al adorador individual con la comunidad judía en general y con las generaciones de judíos que han orado estas mismas palabras.

El Sidur es un libro completo y esencial en la vida judía. Estructura las oraciones diarias y festivas, ofrece bendiciones para diversas ocasiones y refleja las diversas tradiciones del judaísmo. A través de sus oraciones y enseñanzas, el Sidur ayuda a los judíos a conectarse con Dios, con su herencia y con la comunidad judía global. Es una herramienta vital para la práctica espiritual, la educación y la continuidad de la tradición judía.

Principales oraciones judías y sus significados

Las oraciones judías son fundamentales para la práctica del judaísmo y sirven como un medio para que las personas se conecten con Dios, reflexionen sobre sus vidas y busquen guía. Estas oraciones se han transmitido de generación en generación y se recitan en diversos entornos, desde rituales diarios hasta ocasiones especiales. Comprender el significado de estas oraciones nos ayuda a apreciar su papel en el culto y la vida diaria judíos.

Una de las oraciones judías más importantes es el Shemá, que se recita dos veces al día, por la mañana y por la tarde. El Shemá comienza con las palabras: "Oye, Israel: El Señor nuestro Dios, el Señor uno es". Esta declaración de fe es fundamental para la creencia judía y enfatiza la unidad de Dios. El Shemá consta de tres secciones de la Torá. La primera sección se centra en amar a Dios con todo el corazón, el alma y las fuerzas. La segunda sección enfatiza la importancia de seguir los mandamientos de Dios y enseñarlos a las generaciones futuras. La tercera sección recuerda al pueblo judío su liberación de Egipto y la necesidad de seguir las leyes de Dios.

Otra oración importante es la Amidá, también conocida como Shemoneh Esrei, que significa "Dieciocho bendiciones". A pesar de su nombre, la Amidá en realidad contiene diecinueve bendiciones, ya que más tarde se agregó una adicional. Esta oración se recita en silencio estando de pie, simbolizando un diálogo directo y personal con Dios. La Amidá se divide en tres partes: alabanza, peticiones y agradecimiento. Las primeras tres bendiciones alaban a Dios por Su grandeza y bondad. Las trece bendiciones del medio contienen peticiones personales, como sabiduría, salud y perdón. Las tres bendiciones finales expresan gratitud a Dios por Su bondad y paz. La Amidá es una oración integral que abarca toda la gama de experiencias y necesidades humanas.

El Kadish es otra oración clave, recitada en varios momentos durante el servicio de oración, pero sobre todo por los dolientes. El Kadish es una oración de alabanza a Dios y a menudo se asocia con el duelo porque reafirma la grandeza de Dios incluso en tiempos de pérdida. Comienza con las palabras: "Exaltado y santificado sea su gran nombre" y continúa con una serie de alabanzas y pedidos de paz. El Kadish ayuda a los dolientes a centrarse en la presencia eterna de Dios y la esperanza de paz y restauración.

El Aleinu es una oración que concluye muchos servicios judíos. Reconoce la soberanía de Dios y la relación única entre Dios y el pueblo judío. El Aleinu consta de dos párrafos. El primero alaba a Dios por elegir al pueblo judío y diferenciarlo de otras naciones. El segundo espera un tiempo futuro en el que toda la humanidad reconocerá y adorará al único Dios verdadero. El Aleinu sirve como recordatorio de la misión judía de traer santidad al mundo y trabajar por un tiempo de reconocimiento universal de Dios.

Durante Shabat y festivales, el Kidush es una oración especial que se recita con una copa de vino para santificar el día. El Kidush se recita tanto el viernes por la noche como el sábado por la mañana en Shabat, así como en las tardes y mañanas de las festividades. La oración comienza con un pasaje del Génesis, que describe la creación del mundo y el descanso de Dios en el séptimo día. Continúa con bendiciones sobre el vino y la santificación del día. El Kidush ayuda a distinguir el Shabat y las festividades como tiempos sagrados dedicados al descanso, la reflexión y la celebración.

Otra oración importante que se recita en Shabat es la Havdalá, que marca el final del Shabat y el comienzo de la nueva semana. Havdalá se recita frente a una copa de vino, una vela trenzada y especias. La oración agradece a Dios por distinguir entre lo sagrado y lo ordinario, y pide bendiciones para la próxima semana. El encendido de la vela y el olor de las especias simbolizan la esperanza de una semana llena de luz, alegría y refrigerio espiritual.

En Yom Kipur, el Día de la Expiación, el Vidui o confesión es una oración central. Esta oración se recita varias veces durante el día e incluye una confesión comunitaria de pecados. El Vidui enfatiza la responsabilidad colectiva por los pecados y la importancia del arrepentimiento. La oración enumera varios pecados alfabéticamente, lo que permite a los fieles reflexionar sobre sus acciones y buscar el perdón. Yom Kipur es un día solemne de ayuno e introspección, y el Vidui ayuda a los fieles a centrarse en su necesidad de expiación y renovación espiritual.

El Hallel es una serie de salmos (113-118) recitados en festivales y Rosh Jodesh (el comienzo de un nuevo mes). El Hallel es una oración de alabanza y acción de gracias, que celebra la liberación y las bendiciones de Dios. Incluye canciones alegres que relatan los milagros de Dios y expresan gratitud por Su protección y guía. El Hallel se recita durante Pesaj, Shavuot, Sucot, Hanukkah y otras ocasiones festivas, realzando el espíritu de celebración de estos tiempos.

La Tefilat HaDerej, o Oración del Viajero, se recita al emprender un viaje. Esta oración pide la protección y guía de Dios durante el viaje, reflejando el reconocimiento de las incertidumbres y los peligros potenciales del viaje. La oración pide un regreso seguro y la capacidad de llegar a su destino en paz y alegría. El Tefilat HaDerej subraya la creencia en la presencia y el cuidado de Dios en todos los aspectos de la vida, incluidos los viajes.

El Birkat Hamazon, o Gracia después de las comidas, se recita después de comer una comida que incluya pan. Esta oración agradece a Dios por brindarnos sustento y reconoce las bendiciones de la tierra de Israel. El Birkat Hamazon incluye cuatro bendiciones principales: agradecer a Dios por la comida, por la tierra de Israel, por Jerusalén y el Templo, y por la bondad y misericordia de Dios. Recitar esta oración después de las comidas ayuda a cultivar un sentido de gratitud y atención plena sobre la fuente de nuestros alimentos y bendiciones.

Cada una de estas oraciones tiene un profundo significado dentro del culto judío, ya que conecta a las personas con su fe, comunidad e historia. Proporcionan un marco para expresar una amplia gama de emociones y experiencias, desde alegría y gratitud hasta tristeza y arrepentimiento. Al comprender los significados y contextos de estas oraciones, se puede apreciar la riqueza de la tradición litúrgica judía y su papel en la vida diaria y comunitaria.

CAPÍTULO 6

Fiestas y festivales judíos

Los Grandes Días Santos: Rosh Hashaná y Yom Kipur

Rosh Hashaná y Yom Kipur se conocen como los grandes días santos en el judaísmo y se encuentran entre los días más importantes y solemnes del calendario judío. Estas fiestas están profundamente arraigadas en la reflexión espiritual, el arrepentimiento y la renovación.

Rosh Hashaná, que en hebreo significa "Cabeza del Año", marca el comienzo del Año Nuevo judío. Se celebra los dos primeros días del mes hebreo de Tishrei. Rosh Hashaná es un momento para que los judíos reflexionen sobre sus acciones durante el año pasado y tomen resoluciones para el año próximo. Una de las costumbres más conocidas de Rosh

Hashaná es el toque del shofar, un cuerno de carnero, que sirve como llamada de atención al arrepentimiento. El sonido del shofar tiene como objetivo inspirar asombro y recordar a las personas sus responsabilidades espirituales.

Durante Rosh Hashaná, se recitan oraciones especiales en la sinagoga, incluida la Amidá y el servicio de Mussaf, que incluye oraciones adicionales específicas de la festividad. Uno de los temas centrales de Rosh Hashaná es el concepto de Dios como Rey, y muchas de las oraciones se centran en la soberanía de Dios y el deseo de un mundo mejor. La festividad también está marcada por la ceremonia de Tashlich, donde los judíos se deshacen simbólicamente de sus pecados arrojando trozos de pan a un cuerpo de agua.

Los alimentos tradicionales juegan un papel importante en la celebración de Rosh Hashaná. Se comen manzanas bañadas en miel para simbolizar la esperanza de un dulce año nuevo. El pan jalá redondo, a menudo horneado con pasas, representa el ciclo del año y la continuidad de la vida. Las granadas, con sus numerosas semillas, también se comen para simbolizar el deseo de un año lleno de tantos méritos como las semillas del fruto.

Yom Kipur, el Día de la Expiación, sigue a Rosh Hashaná y se considera el día más sagrado del año judío. Se observa el décimo día de Tishrei y es un día dedicado al ayuno, la oración y el arrepentimiento. Los judíos creen que en Yom Kipur, Dios sella el Libro de la Vida, determinando el destino de cada persona para el próximo año en función de sus acciones y arrepentimiento.

La celebración de Yom Kipur comienza con el servicio Kol Nidrei la noche anterior a la festividad. Kol Nidrei, que significa "Todos los votos", es una declaración solemne que absuelve a las personas de cualquier voto incumplido realizado durante el año pasado. El servicio marca la pauta para la introspección y el arrepentimiento que siguen.

En Yom Kipur, los judíos se abstienen de comer y beber durante 25 horas, desde la puesta del sol en la víspera de Yom Kipur hasta el anochecer del día siguiente. Este ayuno tiene como objetivo purificar el cuerpo y el espíritu, permitiendo a las personas concentrarse completamente en su relación con Dios y su necesidad de perdón. Además del ayuno, otras prohibiciones incluyen bañarse, usar zapatos de cuero y aplicarse lociones o perfumes.

El servicio de Yom Kipur es el más largo e intensivo del año, con cinco servicios de oración: Maariv (servicio vespertino), Shacharit (servicio matutino), Mussaf (servicio adicional), Minjá (servicio vespertino) y Neilah (servicio de clausura).). El servicio de Neilá, que marca la conclusión de Yom Kipur, es particularmente conmovedor, ya que representa la última oportunidad para el arrepentimiento antes de que se selle el Libro de la Vida. El servicio termina con el sonido del shofar, señalando el final del ayuno y la esperanza de un nuevo comienzo.

Yom Kipur es también un momento para buscar el perdón de los demás. La tradición judía enseña que por los pecados contra otras personas, uno debe buscar el perdón directamente de aquellos a quienes ha ofendido antes de buscar el perdón de Dios. Esta práctica enfatiza la importancia de reparar las relaciones y asumir la responsabilidad de las propias acciones.

Además de los rituales y oraciones, los temas de Rosh Hashaná y Yom Kipur se reflejan en las lecturas de la Torá y la Haftará (profética). En Rosh Hashaná, las lecturas de la Torá se centran en las historias de Isaac e Ismael, destacando temas del nacimiento, el sacrificio y la misericordia de Dios. Las lecturas de Haftará incluyen la historia de Ana, que ora por un niño y recibe respuesta de Dios. En Yom Kipur, la lectura de la Torá es del Levítico y describe el servicio de Yom Kipur en el antiguo

Templo, incluido el ritual del chivo expiatorio. La lectura de Haftará es el Libro de Jonás, que cuenta la historia del profeta Jonás y su renuente misión a la ciudad de Nínive, enfatizando el poder del arrepentimiento y la voluntad de Dios de perdonar.

Los Grandes Días Santos son un momento de profunda reflexión espiritual y reunión comunitaria. Las sinagogas suelen estar llenas hasta el tope, ya que incluso aquellos que no asisten a los servicios con regularidad durante todo el año se reúnen para participar en estos importantes rituales. El sentido de comunidad y propósito compartido durante Rosh Hashaná y Yom Kipur es palpable, mientras los judíos de todo el mundo se unen en oración y reflexión.

Estas fiestas también son un momento para que familiares y amigos se reúnan. Las comidas antes y después del ayuno de Yom Kipur a menudo se comparten con los seres queridos, lo que brinda una oportunidad de conexión y apoyo. Los temas del arrepentimiento y la renovación se reflejan en las interacciones personales, a medida que las personas buscan comenzar el nuevo año con borrón y cuenta nueva y un compromiso de mejorar ellos mismos y sus relaciones.

Rosh Hashaná y Yom Kipur son más que simples días festivos; son experiencias espirituales profundas que invitan a los judíos a reflexionar sobre sus vidas, buscar el perdón y comprometerse con el crecimiento personal. A través de rituales, oraciones y reuniones comunitarias, estos días fomentan un profundo sentido de conexión con Dios, la comunidad judía y los valores eternos que guían la vida judía.

Pascua: Celebrando la libertad

Pesaj, o Pesaj en hebreo, es una de las fiestas judías más importantes y celebradas. Conmemora el Éxodo de los israelitas de la esclavitud en el antiguo Egipto, un acontecimiento fundamental en la historia judía. La historia de la Pascua se detalla en el Libro del Éxodo, donde Moisés conduce a los israelitas a la libertad después de una serie de intervenciones y milagros divinos.

La festividad dura ocho días y comienza el día 15 del mes hebreo de Nisán. Es una época llena de rituales y símbolos que recuerdan a los judíos las dificultades que enfrentaron sus antepasados y la importancia de la libertad y la liberación. Uno de los aspectos más importantes de Pesaj es el Seder, una comida festiva que tiene lugar las dos primeras noches de la festividad. El Seder sigue un orden específico, que es lo que significa la palabra "Seder" en hebreo. Este orden se describe en la Hagadá, un libro especial que guía a los participantes a través de los rituales, oraciones y lecturas de la noche.

El plato del Seder es una parte central del Seder. Contiene varios alimentos simbólicos, cada uno de los cuales representa un aspecto diferente de la historia de la Pascua. Estos incluyen un hueso de pierna, que simboliza el cordero pascual sacrificado en vísperas del Éxodo; un huevo asado, que simboliza tanto el sacrificio festivo ofrecido en el Templo de Jerusalén como el ciclo de la vida; hierbas amargas (a menudo rábano picante), que representan la amargura de la esclavitud; jaroset, una dulce mezcla de frutas y nueces que representa el mortero que usaban los israelitas mientras estaban esclavizados; karpas, una verdura verde (a menudo perejil) sumergida en agua salada para simbolizar las lágrimas derramadas por los israelitas; y una segunda hierba amarga, a menudo lechuga romana, para enfatizar el sufrimiento experimentado por los israelitas.

Uno de los rituales clave del Seder es el relato de la historia de Pesaj. Esto implica la lectura de la Hagadá e incluye las Cuatro Preguntas, que tradicionalmente hace la persona más joven de la mesa. Estas preguntas impulsan a volver a contar la historia y resaltan las costumbres únicas de la velada. Las preguntas incluyen preguntar por qué esta noche es diferente de todas las demás noches, por qué sólo se come matzá (pan sin levadura), por qué se comen hierbas amargas y por qué se mojan las verduras.

La matzá es un símbolo crucial de Pesaj. Es el pan sin levadura el que recuerda a los judíos la prisa con la que sus antepasados abandonaron Egipto, sin tener tiempo para dejar fermentar el pan. Comer matzá durante Pesaj es a la vez un mandamiento y un recordatorio del viaje de la esclavitud a la libertad. Los judíos también deben retirar todo el jametz, o productos con levadura, de sus hogares durante la festividad. Esto implica un proceso de limpieza minucioso para garantizar que no haya jametz presente, lo que simboliza la eliminación del orgullo y la arrogancia y el regreso a la simplicidad y la humildad.

Otro ritual importante es beber cuatro copas de vino durante el Seder. Cada copa representa un aspecto diferente de la redención mencionada en la Torá:

"Os sacaré", "Os libraré", "Os redimiré" y "Os llevaré a ser mi pueblo". Estas copas significan alegría y gratitud por la liberación de la esclavitud.

El Seder también incluye esconder y encontrar el afikoman, un trozo de matzá que se parte temprano en la comida y se reserva para comer como postre. Esta tradición añade un elemento de diversión para los niños, quienes a menudo buscan el afikoman escondido a cambio de un pequeño premio o golosina. Esta práctica ayuda a mantener a los participantes más jóvenes interesados y conectados con los rituales del Seder.

La Pascua no se trata sólo de recordar el pasado; también enfatiza temas de justicia social y la lucha en curso por la libertad. La festividad anima a los judíos a reflexionar sobre el concepto de liberación y a considerar a quienes todavía están oprimidos en todo el mundo. Muchas familias incorporan lecturas y debates contemporáneos en su Seder para conectar la antigua historia del Éxodo con las cuestiones modernas de injusticia y desigualdad.

A lo largo de los ocho días de Pascua, se incluyen oraciones y lecturas especiales en los servicios diarios de la sinagoga. El Cantar de los Cantares, un libro bíblico atribuido al rey Salomón, se lee tradicionalmente durante la Pascua y destaca temas de amor y redención. La festividad concluye con una comida festiva y la recitación de Hallel, una serie de salmos de alabanza y acción de gracias.

Además de los aspectos religiosos y comunitarios de la Pascua, la festividad también tiene un fuerte componente familiar. Es un momento para que las familias se reúnan, compartan comidas y creen recuerdos duraderos. La preparación para la Pascua, incluida la limpieza y la cocina, a menudo involucra a toda la familia, fomentando un sentido de unidad y propósito compartido.

Los temas de la Pascua; la libertad, la redención y la gratitud resuenan profundamente en personas de todas las edades. Los rituales y símbolos de la festividad brindan un rico tapiz de significado, conectando a los judíos con su historia y herencia, al tiempo que los inspiran a luchar por un futuro mejor. Al celebrar la Pascua, los judíos no sólo honran el viaje de sus antepasados desde la esclavitud a la libertad, sino que también reafirman su compromiso con la justicia y la liberación para todos.

La Pascua es una festividad multifacética que combina recuerdo histórico, rituales religiosos y valores sociales. A través del Seder, los alimentos simbólicos, las lecturas de la Hagadá y las diversas costumbres, se recuerda a los judíos la importancia de la libertad y la perdurable relevancia de la historia del Éxodo. La Pascua es un momento para reflexionar sobre el pasado, celebrar el presente y mirar hacia un futuro de paz y liberación.

Hanukkah, Purim y otros festivales

Hanukkah, Purim y otras festividades judías se celebran con tradiciones y costumbres únicas que tienen significados importantes. Estos días festivos ofrecen oportunidades para que las familias y comunidades se reúnan, recuerden eventos históricos y expresen su fe y cultura a través de celebraciones alegres.

Hanukkah, también conocido como el Festival de las Luces, dura ocho días y comienza el día 25 del mes hebreo de Kislev. Conmemora la nueva dedicación del Segundo Templo en Jerusalén tras la revuelta de los Macabeos contra el Imperio Seléucida. La historia de Hanukkah gira en torno al milagro del aceite. Cuando los judíos recuperaron el control del Templo, sólo encontraron suficiente aceite para encender la menorá (un candelabro con siete brazos) por un día. Milagrosamente, el aceite duró ocho días, lo que les dio tiempo para preparar más aceite.

El ritual central de Hanukkah es el encendido de la menorá, también llamada Hanukkiah, que tiene nueve ramas: una para cada noche de Hanukkah y una vela central shamash (ayudante) que se utiliza para encender las demás. Cada noche se enciende una vela adicional, acompañada de bendiciones y cantos. La menorá generalmente se coloca en una ventana u otro lugar destacado para publicitar el milagro. Hanukkah también se celebra con alimentos especiales fritos en aceite, como latkes (tortitas de patata) y sufganiyot (rosquillas rellenas de gelatina), que simbolizan el milagro del aceite. Los niños juegan un juego tradicional con un trompo, una peonza de cuatro caras, y reciben regalos o gelt (monedas de chocolate).

Purim, que cae el 14 del mes hebreo de Adar, conmemora la salvación del pueblo judío de Amán, un consejero del rey persa, que conspiraba para destruirlos. La historia está registrada en el Libro de Ester. La reina Ester y su primo Mardoqueo desempeñan papeles fundamentales al frustrar el plan de Amán, lo que lleva a una celebración de la supervivencia y el triunfo judíos.

Purim está marcado por la lectura de la Meguilá (el Rollo de Ester) en la sinagoga. Durante la lectura, los oyentes utilizan matracas llamadas groggers para ahogar el nombre de Amán cada vez que se menciona, simbolizando la eliminación del mal. La festividad es conocida por su ambiente festivo y alegre. La gente usa disfraces, que a menudo representan personajes de la historia de Purim, para celebrar el tema de las identidades ocultas y la intervención divina. Una de las costumbres clave es regalar mishloaj manot, que son cestas de regalo llenas de comida y golosinas, a amigos y familiares. Además, es costumbre dar caridad a los pobres, conocida como matanot la'evyonim. Se lleva a cabo una comida festiva, llamada Purim seudah, en la que se ofrecen comidas deliciosas y muchos cantos y bailes alegres.

Además de Hanukkah y Purim, existen otras festividades judías, cada una con sus propias tradiciones e significado. Sucot, también conocida como la Fiesta de los Tabernáculos, ocurre cinco días después de Yom Kipur y dura siete días. Conmemora los 40 años de peregrinaje de los israelitas por el desierto después de abandonar Egipto y enfatiza temas de gratitud y dependencia de Dios. Durante Sucot, los judíos construyen y habitan en sucás, chozas temporales, para recordar las frágiles viviendas utilizadas durante el viaje por el desierto de sus antepasados. El festival también implica agitar el lulav (un manojo de ramas de palma, mirto y sauce) y etrog (una fruta de cidra) en un ritual que simboliza la unidad y la acción de gracias.

Shavuot, o Fiesta de las Semanas, se celebra siete semanas después de Pesaj y marca la entrega de la Torá en el Monte Sinaí. Es un tiempo de renovación espiritual y estudio. Las costumbres tradicionales incluyen sesiones de estudio de la Torá que duran toda la noche, conocidas como Tikkun Leil Shavuot, y el consumo de productos lácteos, como tarta de queso y blintzes, que simbolizan la dulzura de la Torá y la "tierra que fluye leche y miel".

Tu B'Shevat, el Año Nuevo de los Árboles, ocurre el día 15 del mes hebreo de Shevat. Es un momento para celebrar la naturaleza y el medio ambiente. En este día, los judíos plantan árboles y participan en un seder especial que incluye comer frutas y nueces asociadas con la tierra de Israel, en particular las siete especies mencionadas en la Torá: trigo, cebada, uvas, higos, granadas, aceitunas y dátiles.

Simjat Torá, que significa "regocijo con la Torá", marca la finalización y un nuevo comienzo del ciclo anual de lectura de la Torá. Sigue inmediatamente después de Sucot y Shemini Atzeret. Durante esta alegre festividad, los rollos de la Torá se sacan del arca y hay procesiones, bailes y cantos en la sinagoga mientras se lee la última parte del Deuteronomio, seguida de la primera parte del

Génesis. Esta celebración enfatiza la centralidad de la Torá en la vida judía.

Yom HaShoah, Día del Recuerdo del Holocausto, es una celebración judía moderna que conmemora a los seis millones de judíos que perecieron durante el Holocausto. Cae el 27 de Nisán y está marcado por ceremonias solemnes, momentos de silencio y programas educativos para honrar a las víctimas y garantizar que tales atrocidades nunca sean olvidadas.

Yom Ha'atzmaut, el Día de la Independencia de Israel, celebra la fundación del Estado de Israel en 1948. Se observa el 5 de Iyar e incluye festividades como desfiles, fuegos artificiales y celebraciones públicas, que reflejan la alegría y el significado de la soberanía judía y identidad nacional.

Cada una de estas festividades y festivales es rica en historia, significado y costumbres que conectan al pueblo judío con su herencia, fe y comunidad.

Ofrecen oportunidades para reflexionar sobre eventos importantes, celebrar la unión y reforzar valores como la gratitud, el recuerdo y la búsqueda de la justicia y la libertad. Al observar estos festivales, los judíos de todo el mundo mantienen una conexión profunda y vibrante con sus tradiciones e historia.

CAPÍTULO 7

Eventos del ciclo de vida en el judaísmo

Nacimiento y Brit Milá (Circuncisión)

En la tradición judía, el nacimiento de un niño es un momento de inmensa alegría y significado. Este alegre evento suele ir acompañado de diversas costumbres y rituales que expresan gratitud, celebran la vida y dan la bienvenida al recién nacido a la comunidad judía. Uno de los rituales más importantes que siguen al nacimiento de un niño judío es el Brit Milá, o ceremonia de circuncisión.

El Brit Milá, comúnmente conocido como Bris, tiene lugar en el octavo día de la vida de un bebé, incluso si este día cae en sábado o en una festividad judía. La práctica de la circuncisión tiene sus raíces en la Torá, donde Dios le ordena a Abraham que se circuncide a sí mismo, a su familia y a sus descendientes como señal del pacto entre Dios y el pueblo judío. Este pacto, conocido como Brit, es un vínculo eterno que significa el compromiso del pueblo judío con Dios y Sus mandamientos.

La ceremonia del Brit Milá suele celebrarse en presencia de familiares y amigos, a menudo en una sinagoga, aunque también puede realizarse en casa. La ceremonia comienza con oraciones y bendiciones. El sandek, que suele ser un abuelo u otro miembro honorable de la familia, lleva al bebé a la habitación. El sandek sostiene al bebé durante la circuncisión, que realiza un profesional capacitado conocido como mohel. El mohel recita bendiciones antes de realizar la circuncisión, y el padre del bebé también recita una bendición agradeciendo a Dios por ordenar la mitzvá (mandamiento) de la circuncisión.

Después de la circuncisión, el bebé recibe su nombre hebreo. Esta ceremonia de nombramiento es un momento significativo, ya que el nombre hebreo conecta al niño con su herencia e identidad judías. El nombre se elige a menudo para honrar a un familiar fallecido o para reflejar virtudes y aspiraciones para el futuro del niño. La comunidad reunida participa en oraciones y cantos, expresando alegría y dando la bienvenida al bebé al pueblo judío.

El Brit Milá no es sólo un acto físico sino también un profundo hito espiritual. Simboliza la fe perdurable del pueblo judío y la continuidad de la tradición judía a través de generaciones. Al realizar este ritual, las familias judías afirman su conexión con sus antepasados y su compromiso de mantener la identidad y los valores judíos.

En el caso de una niña, no existe una ceremonia de circuncisión equivalente. Sin embargo, las familias suelen celebrar una ceremonia de nombramiento, conocida como Simchat Bat o Brit Bat, para dar la bienvenida a sus hijas a la comunidad judía. Esta ceremonia se puede llevar a cabo en la sinagoga, en casa o en otro lugar significativo. Por lo general, incluye oraciones, bendiciones y el anuncio formal del nombre hebreo del bebé. La ceremonia también puede incluir lecturas de textos judíos, canciones y una comida festiva.

El nacimiento de un niño y los rituales asociados, como el Brit Milá y la ceremonia de nombramiento, resaltan la importancia de la familia y la comunidad en la vida judía. Estos eventos brindan una oportunidad para que la familia extendida y los miembros de la comunidad se reúnan en celebración, apoyo y fe compartida. Reforzan los valores de amor, compromiso y continuidad que son fundamentales para la tradición judía.

El Brit Milá, en particular, sirve como recordatorio de la relación de pacto entre Dios y el pueblo judío, una relación que ha sostenido a la comunidad judía a través de siglos de desafíos y triunfos. Este pacto es una fuente de identidad y fortaleza, que vincula a cada nueva generación con el pasado antiguo y el destino compartido del pueblo judío.

Además, estas ceremonias reflejan el énfasis judío en la vida y su santidad. La bienvenida a un nuevo niño es una celebración del potencial de la vida y una reafirmación de esperanza y renovación. La tradición judía otorga un gran valor a los niños, considerándolos el futuro del pueblo judío y portadores de las tradiciones y valores que definen a la comunidad.

Los rituales que rodean el nacimiento y la ceremonia del Brit Milá son parte integral de la tradición judía y simbolizan el pacto con Dios, la continuidad de la herencia judía y el gozo comunitario por el regalo de una nueva vida. Estas prácticas no sólo dan la bienvenida a un nuevo niño al mundo, sino que también lo conectan con una historia y una fe que se remonta a milenios. A través de estos rituales, las familias y comunidades judías celebran sus vínculos duraderos y los valores eternos que los sustentan.

Bar/Bat Mitzvah: mayoría de edad

En la tradición judía, las ceremonias de Bar y Bat Mitzvá son hitos importantes que marcan la transición de un joven a la edad adulta. Estas ceremonias significan que el joven ha alcanzado una edad en la que es responsable de sus propias acciones y puede participar plenamente en la vida religiosa y comunitaria judía.

Para los niños, esta ceremonia se llama Bar Mitzvá, que significa "hijo del mandamiento". Tiene lugar cuando un niño cumple 13 años. Para las niñas, la ceremonia se llama Bat Mitzvá, que significa "hija del mandamiento", y ocurre cuando la niña cumple 12 años. Estas edades se basan en la antigua comprensión judía de cuándo los niños alcanzan la madurez.

Las ceremonias de Bar Mitzvah y Bat Mitzvah son más que simples celebraciones; son ritos de iniciación que implican una preparación y un aprendizaje significativos. En los años previos a la ceremonia, el joven suele asistir a una escuela hebrea y estudiar textos, oraciones y tradiciones judías. También aprenden a leer la Torá, referencia central de la ley religiosa judía.

La ceremonia en sí suele celebrarse durante un servicio de Shabat en la sinagoga. Para un Bar Mitzvá, el joven es llamado a la Torá por primera vez para recitar una porción de la lectura semanal de la Torá. Esto se conoce como aliá, que significa "subir", en referencia al acto de ascender a la plataforma de lectura de la Torá, o bimá. También recita una porción de la Haftará, que es una selección de los libros de los Profetas que se lee después de la porción de la Torá. El niño del Bar Mitzvá a menudo prepara un D'var Torá, un discurso que explica la porción de la Torá y su relevancia.

De manera similar, durante una ceremonia de Bat Mitzvá, la joven también puede ser llamada a la Torá para recitar una porción, aunque las prácticas pueden variar según la denominación y la comunidad. En algunas tradiciones, ella podría dirigir partes del servicio, recitar oraciones o dar un D'var Torá.

Las ceremonias de Bar y Bat Mitzvá son profundamente significativas para el joven y su familia. Marcan el final de la infancia y el comienzo de una nueva etapa de la vida, donde el individuo asume mayores responsabilidades religiosas y morales. Las ceremonias enfatizan la importancia de la comunidad, ya que generalmente asisten familiares, amigos y miembros de la congregación, quienes se reúnen para celebrar esta importante ocasión.

Después del servicio religioso, es costumbre realizar una comida festiva o fiesta para celebrar el

Bar o Bat Mitzvá. Esta reunión incluye comida, música, baile y discursos, lo que enfatiza aún más la alegría y la importancia del evento. A menudo se dan obsequios para el Bar o Bat Mitzvah, muchos de los cuales tienen un significado religioso o educativo, como libros, judaica o contribuciones a su educación futura.

La importancia del Bar y Bat Mitzvá radica no sólo en la ceremonia en sí sino también en lo que representa. Al convertirse en Bar o Bat Mitzvá, el joven es reconocido como miembro de pleno derecho de la comunidad judía con capacidad de participar en todos los aspectos de la vida religiosa judía. Ahora son elegibles para ser contados en un minyan, el quórum de diez adultos judíos requerido para ciertas oraciones comunitarias. También se espera que observen los mandamientos, realicen mitzvot (buenas obras) y continúen con su educación judía.

Las ceremonias de Bar y Bat Mitzvá son también un momento para que el joven reflexione sobre su propia identidad y su lugar dentro de la tradición judía. A través de su estudio y preparación, obtienen una comprensión más profunda de su herencia y los valores que guían a su comunidad. Este proceso ayuda a inculcar un sentido de orgullo y responsabilidad, animándolos a vivir sus vidas de acuerdo con las enseñanzas judías y a contribuir positivamente a su comunidad.

Además, estas ceremonias fomentan un sentido de continuidad y conexión entre generaciones. Los padres, abuelos y otros miembros de la familia a menudo comparten sus propias experiencias y recuerdos, reforzando los vínculos que unen a la familia y a la comunidad judía en general. El Bar y Bat Mitzvá sirven así como un eslabón en la cadena de la tradición judía, transmitiendo los valores y prácticas que han sostenido al pueblo judío durante miles de años.

Las ceremonias de Bar y Bat Mitzvá son eventos fundamentales en la vida judía, que marcan la transición de la niñez a la edad adulta y la aceptación de responsabilidades religiosas y morales. Implican una preparación y un aprendizaje importantes, que culminan en una ceremonia significativa que celebra la comunidad. Estos hitos ayudan a inculcar un fuerte sentido de identidad, continuidad y responsabilidad en el joven, asegurando la vitalidad continua de la tradición judía y la vida comunitaria.

Matrimonio, divorcio y muerte en la tradición judía

El matrimonio, el divorcio y la muerte son acontecimientos vitales importantes en cualquier cultura y, en la tradición judía, están marcados por rituales y prácticas específicos que conllevan un profundo significado religioso y cultural.

En el judaísmo, el matrimonio se considera un pacto sagrado, o brit, entre dos personas, y es muy valorado como piedra angular de la vida y la comunidad judías. La ceremonia nupcial, o jupá, incluye varios elementos clave. Por lo general, comienza con la firma de la ketubah, un contrato matrimonial que describe las obligaciones del marido para con su esposa y brinda protección y derechos a la novia. Este documento suele estar bellamente decorado y se convierte en un recuerdo preciado.

La ceremonia de boda en sí suele tener lugar bajo una jupá, un dosel que simboliza el nuevo hogar de la pareja. La ceremonia está dirigida por un rabino u otro oficiante e incluye la recitación de bendiciones sobre una copa de vino, que simboliza la alegría y la abundancia. El novio coloca un anillo en el dedo de la novia y declara: "He aquí, con este anillo estás consagrada a mí según la ley de Moisés y de Israel". En muchas ceremonias modernas, la novia también entrega un anillo al novio.

Un momento significativo en la boda judía es la rotura del cristal, que se produce al final de la ceremonia. El novio (y a veces la novia) pisa un vaso y lo rompe. Este acto tiene varias interpretaciones, entre ellas recordar la destrucción del Templo de Jerusalén y reconocer que incluso en momentos de gran alegría, debemos ser conscientes de las imperfecciones del mundo. Los invitados suelen responder con gritos de "¡Mazel tov!" que significa "¡Felicitaciones!"

El divorcio en el judaísmo también se aborda con procedimientos y rituales específicos, reflejando su seriedad y el respeto al pacto matrimonial. La ley judía permite el divorcio, pero debe llevarse a cabo de acuerdo con la Halajá o ley judía. El proceso implica la concesión de un get, un documento de divorcio religioso, que un escriba debe redactar específicamente para la pareja. El marido entrega el get a la mujer en presencia de testigos, y ésta debe aceptarlo para que el divorcio sea válido.

Este procedimiento garantiza que ambas partes reconozcan el fin del matrimonio, permitiéndoles volver a casarse según la ley judía. El get sirve para proteger los derechos de ambos individuos, particularmente de la mujer, que de otro modo permanecería ligada a su marido según la ley judía.

Cuando se trata de la muerte, la tradición judía pone gran énfasis en honrar al difunto y brindar consuelo a los afligidos. El proceso comienza con la chevra kadisha, una sociedad sagrada responsable de la preparación ritual del cuerpo. Esta preparación, llamada tahara, implica lavar y purificar el cuerpo, vestirlo con una simple mortaja blanca y colocarlo en un sencillo ataúd de madera. Estas prácticas reflejan la creencia en la igualdad de todas las personas en la muerte, independientemente de su estatus en la vida.

El funeral suele tener lugar lo antes posible después de la muerte, normalmente dentro de las 24 horas. Comienza con un breve servicio en el domicilio del difunto o en el tanatorio, seguido de la procesión hasta el cementerio. En el lugar de la tumba, se recitan oraciones adicionales y se pueden pronunciar elogios. El entierro en sí es una mitzvá importante, o buena acción, en la que familiares y amigos participan colocando tierra sobre el ataúd, lo que significa su acto final de bondad hacia el difunto.

Después del entierro, comienza el período de luto, conocido como shiva. Shiva dura siete días, durante los cuales la familia inmediata se reúne en la casa del difunto para llorar y recibir visitas. Los dolientes se sientan en taburetes bajos o en el suelo, cubren los espejos y se abstienen de ciertas actividades en señal de duelo. Recitan el Kadish, una oración de alabanza a Dios, varias veces al día, enfatizando la continuidad de la fe incluso en el dolor.

El proceso de duelo continúa con shloshim, un período de 30 días durante el cual los dolientes reanudan gradualmente sus actividades normales mientras siguen ciertas restricciones. Por la pérdida de uno de los padres, sigue un período de duelo más largo de 11 meses, y se recita el Kadish diariamente. Este período prolongado permite a los dolientes honrar a su ser querido y procesar su dolor con el tiempo.

Durante los períodos de duelo, la comunidad desempeña un papel crucial a la hora de brindar apoyo y consuelo. Amigos y familiares visitan a los dolientes, les llevan comida y participan en servicios de oración, asegurándose de que los deudos no se queden solos en su dolor. Esta participación comunitaria subraya la importancia de la comunidad y la responsabilidad compartida en la vida judía.

Las prácticas y rituales judíos relacionados con el matrimonio, el divorcio y la muerte están profundamente arraigados en la ley y la tradición religiosa. Proporcionan estructura y significado a estos importantes acontecimientos de la vida, enfatizando la santidad del matrimonio, la seriedad del divorcio y la importancia de honrar al difunto y apoyar a los afligidos. Estos rituales ayudan a las personas a navegar las complejidades de las transiciones de la vida dentro del marco de la fe y la comunidad judías.

CAPÍTULO 8

Ética y valores judíos

Tzedaká: caridad y justicia social

Tzedaká es un concepto fundamental en el judaísmo que significa caridad o rectitud. Desempeña un papel importante en la promoción de la justicia social dentro de las comunidades judías. La tzedaká no es simplemente un acto de dar dinero o recursos; se considera una obligación moral, un aspecto esencial de vivir una vida recta y una forma de crear un mundo más justo y compasivo.

El concepto de Tzedaká se origina de la raíz hebrea "tzedek", que significa justicia o rectitud. A diferencia de la caridad, que a menudo se considera un acto voluntario de bondad, la tzedaká se considera un deber, un requisito ético para quienes pueden ayudar a los necesitados. Este sentido del deber está profundamente arraigado en las enseñanzas judías y se considera una forma de garantizar la justicia y la equidad en la sociedad.

Uno de los aspectos clave de la Tzedaká es la creencia de que todo lo que poseemos pertenece en última instancia a Dios. Por lo tanto, compartir nuestros recursos con los menos afortunados no es sólo un acto generoso sino una devolución de lo que les corresponde por derecho. Esta perspectiva fomenta un sentido de humildad y responsabilidad, recordando a las personas que sus riquezas y posesiones no son únicamente para su beneficio sino también para el mejoramiento de la comunidad.

En la tradición judía, existen diferentes niveles de dar Tzedaká, como lo describe el filósofo judío medieval Maimónides. El nivel más alto de Tzedaká es ayudar a alguien a ser autosuficiente proporcionándole un trabajo o un préstamo para iniciar un negocio. Este tipo de asistencia permite al destinatario mantenerse a sí mismo y mantener su dignidad. Otros niveles incluyen dar de forma anónima para evitar avergonzar al destinatario, dar sin saber quién es el destinatario y dar antes de que se lo pidan. Estos diversos niveles enfatizan la importancia no sólo del acto de dar sino también de la manera en que se realiza, asegurando que se preserve la dignidad del destinatario.

La tzedaká no se limita al apoyo financiero. También abarca actos de bondad y servicio, como tiempo voluntario, brindar apoyo emocional y defender la justicia social. Estas acciones contribuyen al bienestar general de la comunidad y reflejan una comprensión más amplia de la Tzedaká como un compromiso con la justicia y la compasión.

Uno de los momentos más importantes para dar Tzedaká es durante las festividades judías y los eventos del ciclo vital. Por ejemplo, es costumbre dar Tzedaká antes de Shabat y festivales, así como durante hitos importantes como bodas, bar y bat mitzvá y funerales. Esta práctica refuerza la idea de que celebrar y marcar momentos importantes de la vida debe ir acompañado de actos de generosidad y responsabilidad social.

Las comunidades judías de todo el mundo han establecido varias instituciones y organizaciones dedicadas a la Tzedaká. Estos incluyen bancos de alimentos, hospitales, escuelas y fundaciones caritativas que brindan apoyo a quienes lo necesitan. Las sinagogas suelen tener cajas de Tzedaká donde los feligreses pueden donar dinero, que luego se distribuye a diversas causas caritativas. Este enfoque institucionalizado garantiza que la tzedaká sea una parte central y organizada de la vida comunitaria.

El principio de Tzedaká se extiende más allá de la comunidad judía y enfatiza la importancia de ayudar a todas las personas necesitadas, independientemente de su origen o fe. Este enfoque universal hacia la caridad y la justicia refleja el valor judío más amplio del "tikkun olam", que significa reparar el mundo. Tikkun olam anima a los judíos a trabajar para crear una sociedad más justa y equitativa para todos.

Enseñar a los niños sobre la Tzedaká es un aspecto importante de la educación judía. Desde una edad temprana, se anima a los niños a participar en actos de donación, ya sea donando una parte de su asignación, ofreciendo su tiempo como voluntarios o participando en proyectos que beneficien a otros. Esta participación temprana ayuda a inculcar los valores de compasión, responsabilidad y justicia, transformándolos en individuos afectuosos y éticos.

El papel de la Tzedaká en la promoción de la justicia social es profundo. Al atender a los necesitados y abordar las desigualdades sociales, la tzedaká ayuda a crear una sociedad más equilibrada y justa. Alienta a las personas y las comunidades a reconocer su interconexión y responsabilidad mutua, fomentando un sentido de solidaridad y bienestar colectivo.

La tzedaká también desempeña un papel fundamental a la hora de abordar cuestiones sistémicas como la pobreza, el hambre y la desigualdad. Al apoyar a organizaciones e iniciativas que abordan estos problemas desde su raíz, la Tzedaká contribuye a soluciones a largo plazo y a un cambio sostenible. Este enfoque se alinea con el énfasis judío en la justicia y la creencia de que todos merecen la oportunidad de vivir con dignidad y seguridad.

Tzedaká es un concepto central en el judaísmo que abarca la caridad, la justicia y la rectitud. Es una obligación moral que va más allá de la donación voluntaria y enfatiza la importancia de la justicia y la equidad en la sociedad. A través de diversas formas de apoyo, incluida asistencia financiera, actos de bondad y defensa, la Tzedaká ayuda a crear un mundo más justo y compasivo. Al enseñar y practicar la Tzedaká, las comunidades judías mantienen su compromiso con la justicia social y contribuyen al bienestar de todas las personas.

El concepto de Tikkun Olam: reparar el mundo

Tikkun Olam es una frase hebrea que significa "reparar el mundo". Este concepto está profundamente arraigado en la tradición y el pensamiento judíos, inspirando la acción social y el servicio comunitario. La idea de Tikkun Olam es hacer del mundo un lugar mejor abordando las injusticias sociales, ayudando a los necesitados y mejorando la calidad de vida general de todas las personas. Este principio anima a las personas a asumir la responsabilidad del bienestar de los demás y del medio ambiente, promoviendo un sentido de interconexión y humanidad compartida.

Los orígenes de Tikkun Olam se remontan a antiguos textos y enseñanzas judías. En la Mishná, uno de los primeros textos rabínicos, la frase se utiliza en el contexto de reformas legales y sociales diseñadas para mejorar la sociedad. Los rabinos enfatizaron la importancia de acciones que beneficien a la comunidad, como la caridad, la honestidad en los negocios y el cuidado de los vulnerables. Con el tiempo, Tikkun Olam evolucionó hasta abarcar una gama más amplia de actividades destinadas a abordar cuestiones sociales y ambientales.

Uno de los elementos clave de Tikkun Olam es la creencia de que los individuos tienen el poder y la responsabilidad de realizar cambios positivos en el mundo. Esta idea está muy ligada al concepto de "mitzvot", que son mandamientos o buenas obras que los judíos están obligados a realizar. Muchas de estas mitzvot están directamente relacionadas con la justicia social y el cuidado de los demás, como alimentar a los hambrientos, visitar a los enfermos y proteger el medio ambiente. Al realizar estas mitzvot, las personas contribuyen al proceso continuo de Tikkun Olam.

Tikkun Olam no se limita a proyectos de gran escala o grandes movimientos sociales; también se puede practicar a través de pequeñas acciones cotidianas. Actos simples de bondad, como ayudar a un vecino, ser voluntario en una organización benéfica local o reducir la huella ambiental, contribuyen a reparar el mundo. Este enfoque hace que Tikkun Olam sea accesible para todos, independientemente de su edad, antecedentes o recursos.

En los tiempos modernos, Tikkun Olam se ha convertido en un tema central en el trabajo judío por la justicia social. Muchas organizaciones y comunidades judías participan activamente en iniciativas que abordan cuestiones como la pobreza, la desigualdad, el cambio climático y los derechos humanos. Estos esfuerzos suelen estar guiados por los principios de Tikkun Olam, que enfatizan la importancia de la compasión, la justicia y la responsabilidad colectiva.

Un ejemplo de Tikkun Olam en acción es el trabajo de las organizaciones ambientalistas judías. Estos grupos se centran en promover la sostenibilidad, la conservación y la justicia ambiental. Abogan por políticas que protejan los recursos naturales, reduzcan la contaminación y combatan el cambio climático. Al participar en estas actividades, cumplen con el imperativo judío de cuidar la Tierra y garantizar que las generaciones futuras puedan disfrutar de un mundo saludable y sostenible.

Otro ámbito en el que Tikkun Olam desempeña un papel importante es en la justicia social y económica. Las organizaciones judías suelen trabajar para abordar cuestiones como la falta de vivienda, el hambre y el acceso a la educación y la atención sanitaria. Brindan asistencia directa a quienes la necesitan, abogan por un cambio sistémico y se asocian con otros grupos comunitarios para crear una sociedad más justa y equitativa. Este trabajo refleja los valores judíos de compasión, dignidad y la creencia de que todos merecen vivir con seguridad y oportunidades.

Tikkun Olam también inspira la colaboración interreligiosa y transcultural. Al trabajar con personas de diferentes orígenes y religiones, las comunidades judías pueden construir puentes de comprensión y cooperación. Estas asociaciones ayudan a abordar desafíos compartidos, como la pobreza, la discriminación y la degradación ambiental, y demuestran la importancia universal de trabajar juntos para crear un mundo mejor.

La educación es otro aspecto importante de Tikkun Olam. Enseñar a niños y jóvenes sobre los valores y prácticas de Tikkun Olam ayuda a inculcar un sentido de responsabilidad social y comportamiento ético desde una edad temprana. Las escuelas y programas educativos judíos a menudo incluyen lecciones sobre justicia social, gestión ambiental y servicio comunitario. Estas lecciones alientan a los estudiantes a pensar críticamente sobre el mundo que los rodea y a tomar medidas para generar un impacto positivo.

Tikkun Olam también tiene una dimensión espiritual. Muchos judíos ven sus esfuerzos por reparar el mundo como una forma de conectarse con Dios y cumplir con sus obligaciones religiosas. Esta perspectiva espiritual añade un significado más profundo a sus acciones, reforzando la idea de que cuidar de los demás y del planeta es un deber sagrado. También proporciona una sensación de propósito y realización, sabiendo que sus esfuerzos contribuyen a un plan divino más amplio para un mundo justo y armonioso.

Tikkun Olam es un concepto poderoso e inspirador en el judaísmo que anima a las personas a tomar medidas para reparar el mundo. Abarca una amplia gama de actividades, desde pequeños actos de bondad hasta iniciativas de justicia social a gran escala. Al promover la compasión, la justicia y la responsabilidad colectiva, Tikkun Olam ayuda a crear un mundo mejor y más equitativo para todas las personas. A través de la educación, el servicio comunitario y la colaboración interreligiosa, los principios de Tikkun Olam continúan inspirando y guiando los esfuerzos para abordar los problemas apremiantes de nuestro tiempo.

Enseñanzas éticas de Pirkei Avot

Pirkei Avot, también conocida como "Ética de los Padres", es una recopilación de enseñanzas y máximas éticas del período mishnáico. Este tratado de la Mishná es único porque se centra en el consejo moral y la sabiduría práctica más que en fallos legales. Pirkei Avot ofrece una guía eterna sobre cómo vivir una vida buena y recta, y sus enseñanzas siguen siendo relevantes e inspiradoras en la actualidad.

Una de las enseñanzas centrales de Pirkei Avot es la importancia de tratar a los demás con respeto y amabilidad. Hillel el Viejo dijo: "Lo que es odioso para ti, no se lo hagas a tu prójimo. Esta es toda la

Torá; el resto es la explicación; ve y aprende". Este principio, conocido como la Regla de Oro, nos anima a considerar el impacto de nuestras acciones en los demás y a actuar con empatía y compasión. En el mundo actual, esta enseñanza promueve una cultura de respeto y comprensión, ayudando a construir relaciones y comunidades armoniosas.

Otra enseñanza clave de Pirkei Avot es el valor de la humildad. Rabí Yojanán ben Zakai enseñó: "Si has aprendido mucha Torá, no te atribuyas el mérito, porque para eso fuiste creado". Esto nos recuerda que debemos permanecer humildes y reconocer que nuestros logros son parte de nuestro deber como seres humanos. La humildad es esencial en un mundo donde la arrogancia y la autopromoción a menudo se celebran. Al fomentar la humildad, podemos crear una sociedad más cooperativa y solidaria donde las personas trabajen juntas por el bien común.

Pirkei Avot también enfatiza la importancia del aprendizaje continuo y la superación personal. Ben Zoma dijo: "¿Quién es sabio? El que aprende de todos, como está dicho: 'De todos mis maestros he adquirido entendimiento'". Esta enseñanza fomenta una búsqueda permanente del conocimiento y la sabiduría, recordándonos que siempre hay algo que aprender de los demás. En el mundo actual que cambia rápidamente, la capacidad de adaptarse y crecer a través del aprendizaje continuo es más importante que nunca. Al adoptar esta mentalidad, podemos permanecer abiertos a nuevas ideas y perspectivas, fomentando la innovación y el desarrollo personal.

El concepto de justicia es otro tema importante en Pirkei Avot. El rabino Shimon ben Gamliel declaró: "El mundo se basa en tres cosas: la justicia, la verdad y la paz". La justicia implica equidad y la protección de los derechos de todos los individuos. Esta enseñanza subraya la necesidad de establecer sistemas justos y equitativos en la sociedad, asegurando que todos sean tratados con justicia y dignidad. En la época contemporánea, abogar por la justicia social y abordar las desigualdades se alinea con este principio ético, promoviendo un mundo más justo y pacífico.

Pirkei Avot también destaca la importancia de la acción y la responsabilidad. El rabino Tarfón enseñó: "No es tu responsabilidad terminar el trabajo, pero tampoco eres libre de desistir de él". Esto significa que, si bien es posible que no podamos resolver todos los problemas o completar todas las tareas, aún tenemos el deber de contribuir y hacer un esfuerzo. Esta enseñanza nos anima a asumir la responsabilidad de nuestras acciones y a trabajar para lograr un cambio positivo, incluso si los resultados son inciertos. En el mundo complejo e interconectado de hoy, este principio motiva a las personas a involucrarse en causas sociales y ambientales, sabiendo que sus esfuerzos, por pequeños que sean, pueden marcar la diferencia.

El respeto por los maestros y mentores es otra enseñanza crucial en Pirkei Avot. Rabí Elazar ben Shamua dijo: "Que el honor de tu alumno sea tan querido para ti como el tuyo propio, y el honor de tu colega como la reverencia hacia tu maestro". Esta enseñanza subraya el valor del respeto y aprecio mutuos dentro de las relaciones educativas y profesionales. Promueve una cultura de respeto y gratitud, reconociendo el importante papel que desempeñan los maestros y mentores en nuestro crecimiento personal e intelectual. En los tiempos modernos, fomentar el respeto por los educadores y valorar sus contribuciones es esencial para crear entornos de aprendizaje eficaces y de apoyo.

Pirkei Avot también aborda el equilibrio entre el trabajo y la vida espiritual. El rabino Meir enseñó: "Minimiza tus actividades comerciales y ocúpate de la Torá". Esta enseñanza nos recuerda la importancia de encontrar un equilibrio entre nuestras búsquedas materiales y nuestro desarrollo espiritual y ético. En el mundo materialista y acelerado de hoy, este principio nos anima a priorizar nuestros valores y crecimiento personal sobre la búsqueda incesante de riqueza y éxito. Al encontrar este equilibrio, podemos llevar una vida más plena y significativa.

El valor de la paz es otra enseñanza central de Pirkei Avot. Hillel dijo: "Sed de los discípulos de Aarón, amando la paz y persiguiendo la paz". Esta enseñanza enfatiza la importancia de fomentar la paz y resolver conflictos en nuestras relaciones y comunidades. En un mundo a menudo marcado por la discordia y la división, la búsqueda de la paz es crucial para crear entornos armoniosos y propicios. Al promover el entendimiento y la cooperación, podemos contribuir a una sociedad más pacífica y estable.

Pirkei Avot enseña la importancia de la gratitud y el aprecio. Ben Zoma dijo: "¿Quién es rico? El que está contento con su suerte". Esta enseñanza nos anima a apreciar lo que tenemos y a encontrar satisfacción en nuestras vidas. En una sociedad que a menudo equipara riqueza con felicidad, este principio nos recuerda que la verdadera riqueza proviene de la satisfacción y la gratitud. Al centrarnos en los aspectos positivos de nuestras vidas y expresar gratitud, podemos cultivar una sensación de plenitud y bienestar.

Las enseñanzas éticas de Pirkei Avot ofrecen sabiduría y guía eternas para llevar una vida buena y recta. Estas enseñanzas enfatizan la importancia del respeto, la humildad, el aprendizaje continuo, la justicia, la acción, el respeto por los maestros, el equilibrio, la paz y la gratitud. En el mundo actual, estos principios siguen siendo relevantes e inspiradores y proporcionan una base para el comportamiento ético y el crecimiento personal. Al adoptar estas enseñanzas, podemos contribuir a una sociedad más justa, compasiva y pacífica.

CAPÍTULO 9

Misticismo judío y Cabalá

Introducción a la Cabalá

La Cabalá es una tradición mística dentro del judaísmo que busca comprender la naturaleza de Dios, el universo y el alma humana. La palabra "Kabbalah" significa "recibir" en hebreo y se refiere al conocimiento que se ha transmitido a través de generaciones de eruditos y místicos judíos. Esta tradición mística tiene sus raíces en los antiguos textos judíos, pero se desarrolló más formalmente durante la Edad Media, particularmente en los siglos XII y XIII.

Los orígenes de la Cabalá se remontan a tradiciones místicas y esotéricas judías anteriores. Algunas de las primeras influencias incluyen el Sefer Yetzirah (Libro de la Creación) y el Sefer HaBahir (Libro del Brillo), que son textos fundamentales que exploran la naturaleza de la creación y la interpretación mística del alfabeto hebreo. Estos trabajos sentaron las bases para el sistema más completo de pensamiento cabalístico que surgiría más tarde.

Uno de los textos centrales de la Cabalá es el Zohar, un comentario místico de la Torá escrito en forma de novela. El Zohar fue compuesto en el siglo XIII por el místico judío español rabino Moisés de León, quien lo atribuyó al sabio del siglo II, rabino Shimon bar Yochai. El Zohar profundiza en los significados ocultos de la Torá y explora temas como la naturaleza de Dios, el proceso de creación, la estructura de los reinos espirituales y el papel de la humanidad en el plan divino.

La Cabalá se basa en varios principios clave que buscan explicar la relación entre el Dios infinito e incognoscible (conocido como Ein Sof, que significa "sin fin") y el mundo material finito. Uno de estos principios es el concepto de las Sefirot, que son diez emanaciones o atributos a través de los cuales Dios interactúa con el universo. Estas Sefirot a menudo se representan como un árbol, conocido como el Árbol de la Vida, y cada Sefirah representa un aspecto diferente de la naturaleza de Dios, como la sabiduría, la comprensión, la bondad y la justicia. Las Sefirot están interconectadas y se cree que sus interacciones influyen en el desarrollo de los acontecimientos en el mundo.

Otro concepto importante en Cabalá es la idea de chispas divinas o Nitzotzot. Según el pensamiento cabalístico, cuando Dios creó el mundo, la luz divina estaba contenida en vasos que se rompieron, esparciendo estas chispas por todo el universo. La tarea de la humanidad, según la Cabalá, es reunir y elevar estas chispas a través de acciones rectas, la oración y el estudio de la Torá, restaurando así la armonía en la creación y logrando la redención espiritual.

La Cabalá también enfatiza la importancia de la intención, o Kavanah, en la práctica religiosa.

Enseña que la eficacia espiritual de las oraciones y los rituales aumenta enormemente cuando se realizan con la intención y la atención adecuadas. Este enfoque en la devoción interior y la alineación del corazón y la mente con lo divino es un sello distintivo de la espiritualidad cabalística.

Uno de los aspectos intrigantes de la Cabalá es su enfoque para comprender los misterios del alfabeto hebreo y la Torá. Los cabalistas creen que las letras hebreas no son sólo símbolos, sino que están imbuidas de poder y significado divinos. A través de diversas técnicas, como Gematria (interpretación numérica de palabras), Notarikon (métodos acrósticos) y Temurah (reorganización de letras), los cabalistas descubren significados y conexiones ocultos dentro de los textos sagrados. Se cree que estos métodos revelan conocimientos más profundos sobre la naturaleza de Dios y el universo.

Además de sus aspectos teóricos, la Cabalá tiene un lado práctico que involucra prácticas meditativas y contemplativas. Estas prácticas están diseñadas para ayudar a las personas a conectarse con lo divino y alcanzar estados superiores de conciencia espiritual. Para lograr este objetivo se utilizan técnicas como visualizar las Sefirot, recitar los nombres sagrados de Dios y meditar en pasajes específicos de la Torá. El objetivo final de estas prácticas es experimentar un sentido de unidad con lo divino y obtener una visión profunda de la naturaleza de la realidad.

La Cabalá ha tenido una influencia significativa en el pensamiento y la práctica judíos a lo largo de los siglos. Ha inspirado diversos movimientos dentro del judaísmo, como el jasidismo, surgido en el siglo XVIII. El jasidismo pone un fuerte énfasis en la adoración alegre, la experiencia mística y la presencia de Dios en la vida cotidiana. Muchas enseñanzas y costumbres jasídicas están profundamente arraigadas en ideas cabalísticas, lo que hace de la tradición mística una parte integral de su vida religiosa.

A pesar de sus profundas raíces en la tradición judía, la Cabalá también ha atraído interés más allá de la comunidad judía. En los últimos años, la Cabalá ha ganado popularidad entre personas de diversos orígenes que buscan conocimiento espiritual y transformación personal. Sin embargo, es importante abordar la Cabalá con respeto por sus orígenes y contexto, ya que es una tradición compleja y profunda que requiere estudio y compromiso serios.

La Cabalá es una tradición mística rica e intrincada dentro del judaísmo que busca comprender la naturaleza de Dios, el universo y el alma humana. Con sus orígenes en los antiguos textos judíos y su desarrollo durante la Edad Media, la Cabalá ofrece una perspectiva única sobre la relación entre lo infinito y lo finito. A través de sus principios, como las Sefirot, las chispas divinas y el poder de la intención, la Cabalá proporciona un marco para el crecimiento espiritual y la búsqueda del conocimiento divino. Ya sea a través del estudio teórico o la meditación práctica, la Cabalá continúa inspirando y guiando a quienes buscan una conexión más profunda con lo divino.

Conceptos principales: el árbol de la vida y las Sefirot

El Árbol de la Vida y las Sefirot son conceptos centrales del pensamiento cabalístico y proporcionan un marco para comprender la relación entre Dios, el universo y el alma humana. El Árbol de la Vida es un diagrama simbólico utilizado en Cabalá para representar la estructura del mundo espiritual y consta de diez Sefirot, o emanaciones divinas, a través de las cuales Dios interactúa con la creación y la sostiene.

El Árbol de la Vida a menudo se representa como un árbol con raíces en los cielos y ramas que se extienden hacia la tierra. Cada Sefirá (singular de Sefirot) representa un atributo o aspecto diferente de Dios. Estas Sefirot están interconectadas, formando caminos que representan el flujo de energía divina de una Sefirá a otra. Comprender el Árbol de la Vida y las Sefirot ayuda a explicar cómo el Dios infinito e incognoscible, conocido como Ein Sof (que significa "sin fin"), puede relacionarse con el mundo físico finito.

La primera Sefirá es Keter, que significa "Corona". Es el punto más alto del Árbol de la Vida y representa la voluntad divina y la fuente de toda la creación. Se considera que Keter está más allá de la comprensión humana, un lugar donde se originan lo divino y lo infinito. De Keter fluye la segunda Sefirá, Jojmá o "Sabiduría". Jojmá representa la chispa inicial de la creación, el destello de percepción o inspiración que precede a la comprensión.

La tercera Sefirá es Binah, que significa "Comprensión". Biná toma el potencial bruto de Jojmá y le da forma, transformándolo en algo comprensible. Juntas, Jojmá y Biná forman la primera tríada de Sefirot, conocida como la "Tríada

Suprema", que representa los niveles más elevados de conciencia divina.

Debajo de esta tríada está la Sefirá de Chesed, que significa "bondad" o "bondad amorosa". Chesed encarna la naturaleza expansiva y generosa de Dios, el amor divino que fluye libre y abundantemente. Frente a Chesed está Gevurah, que significa "Fuerza" o "Juicio". Gevurah representa el aspecto de Dios que impone límites, justicia y disciplina. Estas dos Sefirot se equilibran entre sí, creando una tensión dinámica entre dar y restringir.

La siguiente Sefirá es Tiferet, que significa "Belleza". Tiferet es el centro del Árbol de la Vida y armoniza las cualidades de Chesed y Gevurah. Representa el equilibrio, la compasión y la verdad. Tiferet a menudo se asocia con el corazón y la belleza que surge de la integración de la bondad y el juicio.

Debajo de Tiferet está Netzach, que significa "Eternidad" o "Victoria". Netzach representa la resistencia, la perseverancia y el impulso para lograr logros. Es la fuerza que empuja hacia adelante, superando obstáculos. Frente a Netzach está Hod, que significa "Gloria" o "Esplendor". Hod representa la humildad, la sumisión y el reconocimiento del orden divino.

La siguiente Sefirá es Yesod, que significa "Fundamento". Yesod es el punto en el que se conectan los mundos espiritual y físico. Canaliza las energías de las Sefirot superiores hacia el reino material, actuando como un puente entre ambos. Yesod a menudo se asocia con la idea de una persona justa, o Tzadik, que encarna esta conexión.

La última Sefirá del Árbol de la Vida es Maljut, que significa "Reino". Maljut representa el mundo físico y la manifestación de lo divino en forma tangible. Es el ámbito de acción y el lugar donde los principios espirituales se realizan en la vida cotidiana. Maljut también es vista como el aspecto femenino de lo divino, recibiendo y nutriendo las energías de las Sefirot superiores.

Cada Sefirá no sólo representa un atributo divino sino que también corresponde a diferentes aspectos de la experiencia y la personalidad humana. Al estudiar y meditar en las Sefirot, los cabalistas buscan alinearse con estas cualidades divinas y lograr crecimiento espiritual e iluminación. La interacción entre las Sefirot del Árbol de la Vida refleja la naturaleza compleja y dinámica de la creación y el proceso continuo de interacción divina con el mundo.

El Árbol de la Vida también incluye 22 caminos que conectan las Sefirot, correspondientes a las 22 letras del alfabeto hebreo. Estos caminos representan diferentes estados espirituales y el viaje del alma hacia una conciencia superior. Se cree que recorrer estos caminos a través de la meditación y la contemplación conduce a una mayor comprensión espiritual y cercanía a Dios.

El pensamiento cabalístico enfatiza la importancia del equilibrio y la armonía entre las Sefirot. Cuando una Sefirá es demasiado dominante o falta, puede provocar falta de armonía en el individuo y en el mundo. Por ejemplo, un Chesed excesivo sin la fuerza equilibradora de Gevurah puede resultar en una generosidad incontrolada, mientras que un Gevurah excesivo sin Chesed puede conducir a dureza y rigidez. El objetivo es cultivar las cualidades de cada Sefirá de forma equilibrada, creando una vida interior y exterior armoniosa.

Además de su importancia teológica, las Sefirot se utilizan en la Cabalá práctica para abordar cuestiones personales y comunitarias. Por ejemplo, meditar en la Sefirá de Tiferet podría ayudar a alguien a desarrollar compasión y equilibrio en sus relaciones, mientras que centrarse en Yesod podría mejorar su sentido de propósito y conexión con los demás.

El Árbol de la Vida y las Sefirot no son sólo conceptos abstractos, sino que deben integrarse en la vida diaria. Al encarnar las cualidades de las Sefirot, los individuos pueden reflejar los atributos divinos en sus acciones e interacciones. Este proceso de refinamiento y crecimiento espiritual se considera una forma de brindar curación e integridad a uno mismo y al mundo.

El Árbol de la Vida y las Sefirot son fundamentales para el pensamiento cabalístico y proporcionan un mapa detallado del universo espiritual y los atributos divinos. Las Sefirot representan diferentes aspectos de Dios y de la experiencia humana, y su interacción refleja la naturaleza dinámica de la creación. Al estudiar y meditar en las Sefirot, las personas buscan alinearse con las cualidades divinas, lograr crecimiento espiritual y lograr armonía en sus vidas y en el mundo.

La influencia del misticismo en el pensamiento judío

El misticismo judío, particularmente a través de la Cabalá, ha influido profundamente en el pensamiento, la filosofía y la práctica judía. El misticismo en el judaísmo ofrece una comprensión más profunda y esotérica de lo divino y del universo, que complementa y enriquece los aspectos más prácticos de la ley y la tradición judías. Esta dimensión mística ha dado forma a la forma en que los judíos piensan sobre su relación con Dios, el propósito de la creación y la naturaleza de sus prácticas espirituales.

Uno de los conceptos centrales del misticismo judío es la idea de Ein Sof, el aspecto infinito e incognoscible de Dios. Este concepto enfatiza el misterio y la trascendencia de Dios, fomentando un sentido de asombro y humildad. Contrasta con visiones más antropomórficas de Dios e invita a los creyentes a participar en un viaje de descubrimiento espiritual, buscando comprender y conectarse con esta infinita presencia divina.

Las enseñanzas cabalísticas, particularmente las que se encuentran en textos como el Zohar, ofrecen una interpretación simbólica y alegórica de la Torá y otros textos judíos. Estas interpretaciones revelan capas de significado más profundas, lo que sugiere que cada palabra y letra de la Torá contiene sabiduría oculta. Esta perspectiva ha influido en la erudición judía, fomentando un enfoque más contemplativo y meditativo para estudiar los textos sagrados. Tanto los eruditos como los laicos se sienten inspirados a mirar más allá de los significados literales para descubrir las verdades espirituales contenidas en las Escrituras.

El concepto de las Sefirot, las diez emanaciones divinas a través de las cuales Dios interactúa con el mundo, también ha tenido un impacto significativo en el pensamiento judío. Las Sefirot proporcionan un marco para comprender los diferentes aspectos del carácter de Dios y cómo estos aspectos se reflejan en el mundo y en los seres humanos. Este marco alienta a los judíos a cultivar estos atributos divinos dentro de sí mismos, como la sabiduría (Jojmá), la comprensión (Binah), la bondad (Chesed) y la justicia (Gevurah). Al esforzarse por encarnar estas cualidades, las personas pueden acercarse más a Dios y vivir una vida más recta.

El misticismo judío enfatiza la importancia de la experiencia espiritual personal y el poder transformador de la oración y la meditación. Las prácticas místicas, como la contemplación de los nombres divinos y la visualización meditativa de las Sefirot, tienen como objetivo elevar el alma y acercarla a una comunión más estrecha con Dios. Estas prácticas han influido en la oración judía, convirtiéndola no sólo en un ritual formal sino en un medio para lograr el ascenso espiritual y la intimidad divina.

La noción mística de Tikkun Olam, o "reparar el mundo", ha tenido un profundo impacto en la ética social y el activismo judíos. Según la enseñanza cabalística, el mundo se encuentra en un estado de quebrantamiento espiritual y es deber de todo judío participar en su curación. Este concepto fomenta los actos de bondad, caridad y justicia social, viéndolos no sólo como imperativos éticos sino también como misiones espirituales. Tikkun Olam inspira a los judíos a trabajar por un mundo mejor y más justo, reflejando la voluntad divina y llevando la presencia de Dios al ámbito material.

La Cabalá también ha influido en las opiniones judías sobre la otra vida y el viaje del alma. Las enseñanzas místicas describen el descenso del alma al mundo físico como un exilio temporal, con el objetivo final de regresar a su fuente divina. Esta perspectiva brinda consuelo y esperanza, lo que sugiere que la vida en la tierra es parte de un viaje espiritual más amplio y significativo. También fomenta el comportamiento ético, ya que se cree que las acciones en esta vida afectan el progreso del alma y su reunión final con Dios.

El misticismo judío ha tenido un impacto significativo en las prácticas y rituales comunitarios judíos. Las interpretaciones místicas de las festividades judías, por ejemplo, añaden capas más profundas de significado a su observancia. La fiesta de la Pascua, que celebra el Éxodo de Egipto, también se considera un momento de liberación espiritual personal y rectificación del alma. De manera similar, la cuenta del Omer, el período entre Pesaj y Shavuot, se considera un momento de refinamiento espiritual, correspondiente a la purificación de las Sefirot.

La influencia del misticismo es evidente en el movimiento jasídico, surgido en el siglo XVIII. El jasidismo enfatiza la alegría, la oración ferviente y la inmanencia de Dios en todos los aspectos de la vida. Se basa en gran medida en las enseñanzas cabalísticas, en particular las ideas de la inmanencia divina y el significado espiritual de las acciones cotidianas. Las historias y enseñanzas jasídicas a menudo resaltan la importancia de la intención (kavanah) y la presencia de Dios en las actividades mundanas, animando a los seguidores a encontrar la santidad en lo ordinario.

Los conceptos místicos también han dado forma a las enseñanzas éticas judías, particularmente las que se encuentran en Pirkei Avot (Ética de los Padres). El enfoque en la humildad, la búsqueda de la sabiduría y la importancia de la comunidad refleja valores místicos. Las enseñanzas de místicos de renombre como el rabino Isaac Luria y el rabino Moshe Cordovero se han integrado a la ética judía dominante, enfatizando la interconexión de todos los seres y la naturaleza divina del comportamiento ético.

El impacto del misticismo judío se extiende al arte y la cultura judíos. Los símbolos místicos, como el Árbol de la Vida y las diversas representaciones de las Sefirot, prevalecen en el arte judío y proporcionan representaciones visuales de conceptos espirituales complejos. Los temas místicos también se encuentran en la música y la poesía judías, donde expresan el anhelo de la conexión divina y la belleza del viaje espiritual.

El misticismo judío ha influido profundamente en la filosofía, la práctica y la cultura judías. Sus enseñanzas sobre la naturaleza de Dios, la estructura del universo y el propósito de la vida humana ofrecen una perspectiva rica y multidimensional que complementa la ley y la ética judías tradicionales. Al integrar conocimientos místicos en su vida diaria, los judíos pueden profundizar su práctica espiritual, encontrar un mayor significado en sus rituales y contribuir a la curación y el mejoramiento del mundo. A través de su énfasis en la transformación personal, la conexión divina y la responsabilidad social, el misticismo judío continúa inspirando y enriqueciendo la vida y el pensamiento judíos.

CAPÍTULO 10

Judaísmo moderno

Las diferentes denominaciones: ortodoxa, conservadora, reformista y reconstruccionista

El judaísmo moderno es una tradición diversa y dinámica con varias denominaciones que reflejan diferentes creencias y prácticas. Comprender estas denominaciones puede ayudarnos a apreciar el rico entramado de la vida judía y cómo continúa evolucionando. Las cuatro denominaciones principales dentro del judaísmo son la ortodoxa, la conservadora, la reformista y la reconstruccionista, cada una con su enfoque distintivo de la ley, la tradición y la modernidad judías.

El judaísmo ortodoxo es la rama más tradicional y se adhiere estrechamente a la Torá y el Talmud como textos divinos y autorizados. Los judíos ortodoxos creen en la inmutabilidad de la Halajá (ley judía) y se esfuerzan por seguir sus mandamientos en su vida diaria. Esta denominación se caracteriza por un fuerte énfasis en la observancia ritual, como guardar las leyes dietéticas kosher, observar el sábado y la oración diaria. Las comunidades ortodoxas a menudo tienen roles separados para hombres y mujeres en entornos religiosos, con hombres y mujeres sentados por separado en las sinagogas y diferentes expectativas respecto de los deberes religiosos. El mundo ortodoxo es diverso, desde los ortodoxos modernos, que se involucran con la sociedad contemporánea manteniendo prácticas tradicionales, hasta los judíos ultraortodoxos o haredíes, que a menudo viven en comunidades insulares y evitan las influencias seculares modernas.

El judaísmo conservador, conocido como judaísmo masortí fuera de Norteamérica, busca equilibrar la tradición con la modernidad. Esta denominación surgió en el siglo XIX como respuesta a la rigidez percibida de la ortodoxia y al liberalismo percibido del judaísmo reformista. Los judíos conservadores defienden la importancia de la Halajá, pero creen que puede evolucionar y adaptarse en respuesta a tiempos y circunstancias cambiantes. Se involucran en el estudio crítico de los textos judíos, aplicando métodos históricos y académicos para comprenderlos e interpretarlos. En las sinagogas conservadoras, es posible encontrar hombres y mujeres sentados juntos, y mujeres participando más plenamente en rituales religiosos, incluida la dirección de servicios y la lectura de la Torá. El judaísmo conservador enfatiza la importancia de la comunidad y la continuidad, con el objetivo de preservar la tradición judía y al mismo tiempo hacerla relevante para la vida contemporánea.

El judaísmo reformista, también conocido como judaísmo progresista o liberal, surgió a principios del siglo XIX en Alemania como respuesta a la Ilustración y la modernidad. Los judíos reformistas priorizan la autonomía individual y las enseñanzas éticas del judaísmo sobre la estricta adherencia a los rituales tradicionales. Ven la Torá como un documento vivo que refleja el contexto histórico en el que fue escrita y, por lo tanto, sus mandamientos son vistos como pautas más que como leyes vinculantes. Las sinagogas reformistas a menudo incorporan elementos modernos en sus servicios, como instrumentos musicales y sermones en lengua vernácula. La igualdad de género es un principio fundamental, en el que mujeres y hombres participan por igual en todos los aspectos de la vida religiosa. El judaísmo reformista pone un fuerte énfasis en la justicia social y el activismo, considerando la misión judía como la de mejorar el mundo (Tikkun Olam).

El judaísmo reconstruccionista es un movimiento estadounidense moderno fundado por el rabino Mordecai Kaplan a mediados del siglo XX. Kaplan veía al judaísmo como una civilización en evolución progresiva que abarca no sólo creencias y prácticas religiosas sino también cultura, ética y comunidad. Los judíos reconstruccionistas creen que la ley y la tradición judías deben adaptarse para satisfacer las necesidades de los judíos contemporáneos. Abordan la Halajá como una guía comunitaria más que como un conjunto de mandatos divinos, y cada comunidad decide qué prácticas adoptar. Las sinagogas reconstruccionistas enfatizan la inclusión y el igualitarismo, dando la bienvenida a diversos orígenes y perspectivas. El movimiento fomenta la expresión creativa en el culto y un fuerte compromiso con la justicia social y la responsabilidad comunitaria.

Cada denominación dentro del judaísmo ofrece una perspectiva única sobre cómo vivir una vida judía en el mundo moderno. Mientras que el judaísmo ortodoxo mantiene una estricta adherencia a las leyes y rituales tradicionales, el judaísmo conservador se esfuerza por equilibrar la tradición con los valores modernos. El judaísmo reformista enfatiza los principios éticos y la autonomía individual, mientras que el judaísmo reconstruccionista ve el judaísmo como una cultura dinámica y en evolución.

A pesar de sus diferencias, todas estas denominaciones comparten valores y tradiciones comunes que unen al pueblo judío. Los principios centrales de la creencia en un Dios único, la importancia de la Torá y el compromiso con una vida ética son fundamentales en todos los movimientos judíos. Estas creencias compartidas brindan un sentido de unidad y continuidad dentro del panorama diverso del judaísmo moderno.

La diversidad del judaísmo moderno permite a las personas encontrar una comunidad que resuene con sus creencias y prácticas, fomentando una vida judía vibrante y dinámica. Los judíos ortodoxos, conservadores, reformistas y reconstruccionistas contribuyen al rico tapiz del pensamiento, la cultura y la práctica religiosa judía, asegurando que el judaísmo siga siendo relevante y significativo en el mundo contemporáneo.

Las diferentes denominaciones dentro del judaísmo reflejan las diversas formas en que los judíos han respondido a la modernidad mientras se esforzaban por mantener sus antiguas tradiciones. Cada movimiento ofrece un enfoque distinto de la ley, el ritual y la vida comunitaria judíos, lo que permite una amplia gama de expresiones de la identidad judía. Al comprender estas denominaciones, obtenemos una apreciación más profunda de la complejidad y riqueza de la vida judía y las formas en que continúa evolucionando y adaptándose en respuesta al mundo cambiante.

La identidad judía en el mundo contemporáneo

La identidad judía en el mundo contemporáneo es multifacética y dinámica, y refleja una mezcla de tradiciones antiguas e influencias modernas. Abarca una amplia gama de creencias, prácticas y expresiones culturales, lo que la convierte en una experiencia rica y diversa para los judíos de todo el mundo. Comprender cómo se expresa y experimenta la identidad judía hoy en día implica explorar las prácticas religiosas, las tradiciones culturales, el compromiso social y político y los desafíos y oportunidades de vivir en una sociedad global.

Uno de los aspectos centrales de la identidad judía es la observancia religiosa, que varía significativamente entre individuos y comunidades. Para muchos judíos, las prácticas religiosas como la observancia del sábado, la observancia del kosher y la participación en los servicios de la sinagoga son fundamentales para su identidad. Estas prácticas brindan una sensación de continuidad con las generaciones pasadas y una forma de conectarse con la comunidad judía en general. La sinagoga desempeña un papel fundamental como lugar de culto, aprendizaje e interacción social, lo que ayuda a reforzar la identidad judía y los vínculos comunitarios.

Además de las prácticas religiosas, las tradiciones culturales también desempeñan un papel importante en la configuración de la identidad judía. Las celebraciones de las festividades judías, como Hanukkah, Pesaj y Purim, reúnen a familias y comunidades para conmemorar acontecimientos históricos y compartir recuerdos colectivos. Estos festivales a menudo involucran alimentos, rituales y canciones específicos que se han transmitido de generación en generación, proporcionando un vínculo tangible con la herencia judía. Las expresiones culturales como la música, la literatura y el arte enriquecen aún más la identidad judía, permitiendo interpretaciones creativas y relevancia contemporánea.

La identidad judía también se expresa a través del compromiso social y político. Muchos judíos participan activamente en la defensa de la justicia social, basándose en los valores judíos de Tikkun Olam (reparación del mundo) y Tzedaká (caridad). Esta participación puede adoptar diversas formas, desde apoyar a organizaciones benéficas locales hasta participar en esfuerzos humanitarios globales. Las organizaciones e instituciones judías a menudo desempeñan un papel crucial en estos esfuerzos, proporcionando plataformas para la acción colectiva y el apoyo comunitario.

Vivir en la era moderna presenta tanto desafíos como oportunidades para la identidad judía. Un desafío es la cuestión de la asimilación, ya que en muchos países los judíos viven en sociedades multiculturales donde pueden sentirse presionados a adaptarse a la cultura dominante. Esto puede llevar a una dilución de las prácticas tradicionales y a una lucha por mantener su carácter distintivo. Sin embargo, muchos judíos logran superar esto encontrando un equilibrio entre integrarse a una sociedad más amplia y preservar su herencia única. Por ejemplo, podrían participar en actividades convencionales y al mismo tiempo asistir a escuelas, campamentos o centros comunitarios judíos que refuercen los valores y la identidad judíos.

Otro aspecto significativo de la identidad judía contemporánea es la relación con el Estado de Israel. Para muchos judíos, Israel representa un componente central de su identidad, ya que sirve como patria espiritual y cultural. Esta conexión se expresa a través del apoyo a Israel, ya sea a través de la promoción, los viajes o la aliá (inmigración a Israel). La existencia de Israel también influye en la identidad judía en la diáspora, ya que los eventos y políticas relacionados con Israel pueden afectar cómo se percibe a los judíos y cómo se perciben a sí mismos.

La tecnología y la globalización han transformado aún más la identidad judía en el mundo contemporáneo. Internet y las redes sociales han facilitado que los judíos se conecten entre sí, accedan a recursos religiosos y culturales y participen en comunidades virtuales. Las plataformas en línea ofrecen oportunidades para el aprendizaje, la oración y el debate, lo que permite a judíos de diferentes orígenes y lugares compartir sus experiencias y puntos de vista. Esta conectividad digital ayuda a sostener y enriquecer la identidad judía, especialmente para aquellos que no tienen acceso a una comunidad judía local.

La educación sigue siendo una piedra angular de la identidad judía. Las escuelas diurnas, las ieshivá y las universidades judías brindan espacios para profundizar el conocimiento religioso, explorar el patrimonio cultural y fomentar el pensamiento crítico. La educación informal, como los movimientos juveniles, los campamentos de verano y los viajes de nacimiento a Israel, también desempeña un papel crucial en la configuración de la identidad judía. Estas experiencias a menudo dejan impresiones duraderas y ayudan a los jóvenes judíos a desarrollar un fuerte sentido de pertenencia y orgullo por su herencia.

La experiencia judía contemporánea también está marcada por una mayor conciencia y aprecio de la diversidad dentro de la comunidad judía. Los judíos provienen de diversos orígenes étnicos, incluidos asquenazíes, sefardíes, mizrajíes, etíopes y otros, cada uno con sus tradiciones e historias únicas. Esta diversidad se celebra e incorpora a una comprensión más amplia de la identidad judía, enriqueciendo el tejido comunitario y fomentando un ambiente más inclusivo.

En los últimos años, ha habido un reconocimiento creciente de diferentes formas de expresar y experimentar la identidad judía más allá de los marcos religiosos tradicionales. Los judíos seculares y culturales, por ejemplo, pueden encontrar significado en la historia, la literatura, la ética o la justicia social judías sin necesariamente adherirse a prácticas religiosas. Esta comprensión más amplia de la identidad judía permite un enfoque más inclusivo y flexible, que se adapta a las diversas formas en que los individuos se conectan con su judaísmo.

Las relaciones y familias interreligiosas también contribuyen al panorama cambiante de la identidad judía. Estas relaciones pueden aportar nuevas perspectivas y prácticas a la vida judía, enriqueciendo a la comunidad y al mismo tiempo planteando preguntas sobre la continuidad y la tradición. Muchas comunidades y organizaciones judías están desarrollando estrategias para acoger y apoyar a las familias interreligiosas, asegurándose de que se sientan incluidas y valoradas dentro del contexto judío más amplio.

La identidad judía en el mundo contemporáneo es una mezcla compleja y dinámica de religión, cultura, acción social y experiencia personal. Se expresa a través de la observancia religiosa, las tradiciones culturales, el compromiso social y político y los esfuerzos educativos, todo lo cual contribuye a una identidad rica y multifacética. Los desafíos de la asimilación, la influencia de Israel, los avances tecnológicos y el reconocimiento de la diversidad moldean la forma en que los judíos experimentan y expresan su identidad hoy. A medida que las comunidades judías continúan navegando por estas complejidades, lo hacen con un profundo sentido de continuidad y adaptabilidad, asegurando que la identidad judía siga siendo vibrante y relevante en la era moderna.

Desafíos y oportunidades para el judaísmo actual

El judaísmo hoy enfrenta una variedad de desafíos que también presentan oportunidades de crecimiento y renovación dentro de la comunidad judía. Un desafío importante es la cuestión de la asimilación. En muchas partes del mundo, los judíos viven en sociedades multiculturales donde la cultura dominante puede influir en sus tradiciones y prácticas. Esto puede conducir a un debilitamiento de la identidad judía, especialmente entre las generaciones más jóvenes que pueden sentirse más conectadas con normas sociales más amplias que con su herencia judía. Sin embargo, este desafío también presenta una oportunidad para que las comunidades judías encuentren nuevas formas de involucrarse y conectarse con miembros más jóvenes, haciendo que las tradiciones judías sean relevantes y significativas en los contextos contemporáneos.

Otro desafío es el aumento del antisemitismo en diversas formas, incluidos el discurso de odio, la violencia y la discriminación. Este resurgimiento de incidentes antisemitas puede crear una atmósfera de miedo e inseguridad para las personas y comunidades judías. No obstante, también brinda una oportunidad para la solidaridad y la promoción. Las organizaciones judías y sus aliados pueden trabajar juntos para combatir el antisemitismo a través de la educación, la legislación y la extensión comunitaria, fomentando una mayor comprensión y tolerancia.

Los matrimonios mixtos son un tema complejo dentro de la comunidad judía. Si bien los matrimonios interreligiosos pueden enriquecer la vida judía al incorporar diversas perspectivas y tradiciones, también plantean cuestiones sobre la continuidad y la identidad. Algunos temen que los matrimonios mixtos puedan llevar a una dilución de las prácticas y creencias judías. Sin embargo, este desafío puede convertirse en una oportunidad mediante el desarrollo de enfoques inclusivos que den la bienvenida a las familias interreligiosas y fomenten su participación activa en la vida judía. Al crear entornos de apoyo y proporcionar recursos para las familias interreligiosas, las comunidades judías pueden garantizar que la identidad judía siga siendo fuerte y vibrante.

El rápido ritmo del avance tecnológico presenta tanto desafíos como oportunidades para el judaísmo. Por un lado, la tecnología puede llevar a una desconexión de las prácticas comunitarias tradicionales y de las interacciones cara a cara. Por otro lado, la tecnología ofrece formas innovadoras de involucrarse con las enseñanzas judías y conectarse con otros judíos en todo el mundo. Las plataformas en línea para el aprendizaje, la oración y la construcción de comunidades pueden hacer que las prácticas judías sean más accesibles para quienes no tienen una comunidad judía local. Las comunidades virtuales pueden ofrecer apoyo y conexión, fomentando un sentido de pertenencia incluso en áreas remotas.

Otro desafío importante es la necesidad de equilibrar la tradición con la modernidad. A medida que la sociedad evoluciona, también lo hacen los problemas y preguntas que los judíos enfrentan en su vida diaria. A menudo existe una tensión entre mantener las prácticas tradicionales y adaptarse a los valores y normas contemporáneos. Sin embargo, este desafío es también una oportunidad para un crecimiento dinámico. La ley y la tradición judías siempre han implicado interpretación y adaptación, y este proceso continúa hoy. Al abordar de manera reflexiva los problemas modernos, los eruditos y las comunidades judías pueden encontrar formas de defender los valores fundamentales sin dejar de ser relevantes en el mundo moderno.

La educación judía es crucial para la continuidad de la identidad judía, pero enfrenta desafíos como la asequibilidad y la accesibilidad. A muchas familias judías les resulta difícil pagar la matrícula de las escuelas diurnas judías o participar en programas educativos judíos. Abordar este desafío implica encontrar modelos de financiación sostenibles y crear oportunidades educativas inclusivas que puedan llegar a un público más amplio. Enfatizar la importancia del aprendizaje permanente y ofrecer diversos formatos educativos, desde la escolarización formal hasta programas comunitarios informales, puede fortalecer el conocimiento y el compromiso judíos entre generaciones.

La relación entre Israel y las comunidades judías de la diáspora es otra área de desafío y oportunidad. Si bien Israel ocupa un lugar central en la identidad judía para muchos, las diferentes perspectivas sobre la política israelí pueden crear divisiones dentro de la comunidad judía global. Estas diferencias pueden ser un desafío, pero también brindan una oportunidad para el diálogo abierto y el entendimiento mutuo. Fortalecer las conexiones a través de visitas, intercambios educativos y proyectos colaborativos puede ayudar a cerrar brechas y fomentar un sentido de solidaridad y propósito compartido.

La sostenibilidad ambiental es una preocupación creciente que se cruza con los valores judíos de administración y cuidado del mundo. Abordar los desafíos ambientales a través de una lente judía puede inspirar acción y compromiso dentro de la comunidad. Las iniciativas centradas en la sostenibilidad, como los jardines comunitarios, los programas de conservación de energía y las campañas educativas sobre la responsabilidad ambiental, pueden movilizar a los judíos para que contribuyan positivamente a los esfuerzos globales para preservar el planeta.

El desarrollo del liderazgo es esencial para el futuro de las comunidades judías. Garantizar que haya líderes capaces e inspirados que puedan guiar a las comunidades en tiempos de cambio es un desafío importante. Invertir en programas de capacitación en liderazgo, asesorar a líderes jóvenes y alentar voces diversas en roles de liderazgo puede crear un marco sólido para el crecimiento y la resiliencia comunitarios. Al empoderar a una nueva generación de líderes, las comunidades judías pueden afrontar los desafíos contemporáneos con innovación y fortaleza.

La justicia social sigue siendo un principio central de la ética judía, y abordar cuestiones de justicia social brinda una oportunidad para que los judíos vivan sus valores de manera significativa. Ya sea a través de la defensa de los derechos humanos, el apoyo a las comunidades marginadas o la participación en esfuerzos humanitarios globales, las iniciativas judías de justicia social pueden tener un impacto significativo. Al conectar estos esfuerzos con las enseñanzas y tradiciones judías, la comunidad puede inspirar una mayor participación y fomentar un sentido de responsabilidad colectiva.

Los desafíos que enfrenta el judaísmo hoy; La asimilación, el antisemitismo, los matrimonios mixtos, los cambios tecnológicos, el equilibrio entre tradición y modernidad, la accesibilidad educativa, la relación entre Israel y la diáspora, la sostenibilidad ambiental, el desarrollo del liderazgo y la justicia social son importantes. Sin embargo, cada desafío también presenta oportunidades únicas de crecimiento, renovación y compromiso. Al abordar estos desafíos con creatividad, inclusión y compromiso con los valores fundamentales, la comunidad judía puede prosperar en el mundo contemporáneo, garantizando un futuro vibrante y significativo para las generaciones venideras.

CONCLUSIÓN

El viaje del aprendizaje judío es un esfuerzo de toda la vida que enriquece la mente y el alma. El judaísmo pone un profundo énfasis en la importancia de la educación y el estudio continuo. Este compromiso con el aprendizaje es evidente en el valor otorgado a la Torá, el Talmud y muchos otros textos que forman la columna vertebral del pensamiento y la ley judíos. La tradición de estudio no se limita únicamente a los textos religiosos, sino que se extiende a todas las áreas del conocimiento, lo que refleja un enfoque holístico del aprendizaje que ha sostenido la cultura y la identidad judías a través de siglos.

En el judaísmo, la búsqueda del conocimiento se considera un mandamiento divino, una forma de conectarse con Dios y comprender el mundo. La Torá, a menudo denominada "Árbol de la Vida", es el punto de partida de este viaje. Sin embargo, la exploración no se detiene en la Torá. El Talmud, un vasto compendio de discusiones e interpretaciones rabínicas, invita a los lectores a profundizar en las complejidades de la ley y la ética judías. El estudio de estos textos fomenta el pensamiento crítico, el debate y una comprensión más profunda de los valores y principios judíos.

El aprendizaje judío no se limita a las paredes de un aula o de una sinagoga. Es un proceso dinámico e interactivo que ocurre en los hogares, las comunidades y dondequiera que se reúnan los judíos. La tradición del aprendizaje se transmite de generación en generación, a menudo a través de historias, debates y preguntas. Los padres enseñan a sus hijos, quienes a su vez enseñan a sus propios hijos, creando una cadena continua de conocimiento y tradición. Esta transmisión generacional asegura que la herencia judía siga siendo vibrante y relevante.

Uno de los aspectos hermosos del aprendizaje judío es su inclusividad. Invita a todos a participar, independientemente de su edad, formación o nivel de conocimientos. Ya sea un niño que recién comienza a aprender el Aleph-Bet o un adulto que estudia los debates talmúdicos, siempre hay algo nuevo que descubrir. Esta inclusión fomenta un sentido de comunidad y propósito compartido, ya que todos contribuyen y se benefician de la búsqueda colectiva del conocimiento.

Además, el aprendizaje judío no es una tarea solitaria. A menudo tiene lugar en entornos comunitarios, donde los alumnos participan entre sí en discusiones y debates. Este método, conocido como chavruta, une a los estudiantes para analizar e interpretar textos. El proceso de cuestionar, desafiar y defender ideas agudiza la comprensión y profundiza las conexiones. Es un poderoso recordatorio de que el aprendizaje es una responsabilidad comunitaria y una alegría compartida.

En el mundo actual, la tecnología ha abierto nuevas vías para el aprendizaje judío. Los cursos en línea, los grupos de estudio virtuales y las bibliotecas digitales permiten acceder a textos y enseñanzas judíos desde cualquier parte del mundo. Estos recursos han ampliado el alcance de la educación judía, haciéndola más accesible que nunca. Este avance tecnológico garantiza que el viaje del aprendizaje judío pueda continuar independientemente de las limitaciones geográficas o físicas.

El estudio de la tradición y la cultura judías también proporciona una conexión profunda con la historia y el patrimonio judíos. Aprender sobre las vidas, las luchas y los logros de quienes nos precedieron infunde un sentido de orgullo y continuidad. Nos ayuda a comprender de dónde venimos y da forma a nuestra identidad y valores. Esta conciencia histórica es crucial para preservar la riqueza y diversidad de la cultura judía.

Participar en el aprendizaje judío también proporciona a las personas las herramientas para afrontar los desafíos contemporáneos. Al fundamentarse en la ética y los valores judíos, los alumnos pueden abordar los problemas modernos con sabiduría y compasión. Ya sea que se trate de cuestiones de moralidad, justicia social o dilemas personales, los conocimientos adquiridos en el estudio judío proporcionan orientación y claridad.

Además, el aprendizaje judío fomenta la curiosidad y el amor por la sabiduría durante toda la vida. Fomenta una mente abierta e inquisitiva, siempre buscando aprender más y comprender más profundamente. Esta curiosidad intelectual se extiende más allá de los textos religiosos a todos los campos del conocimiento, reflejando un respeto por la inmensidad del entendimiento humano. Es un recordatorio de que el aprendizaje es un viaje sin fin, en constante evolución y expansión.

Al embarcarse o continuar su viaje de aprendizaje judío, se le anima a abordarlo con el corazón y la mente abiertos. El camino del estudio está lleno de preguntas, desafíos y momentos de revelación. Es un viaje que requiere dedicación, paciencia y voluntad de involucrarse profundamente con el material. Pero también es un viaje que ofrece inmensas recompensas, que enriquece la vida y fortalece la conexión con la comunidad y el patrimonio judíos.

El viaje continuo del aprendizaje judío no se trata sólo de adquirir conocimientos; se trata de transformación. Da forma a quiénes somos, cómo vemos el mundo y cómo vivimos nuestras vidas. Nos conecta con nuestras raíces y al mismo tiempo nos empodera para construir un futuro significativo. A través del aprendizaje, honramos el pasado, nos involucramos con el presente y nos preparamos para el futuro, asegurando que la sabiduría del judaísmo continúe iluminando nuestro camino.

No se puede subestimar la importancia del aprendizaje y la exploración continuos para comprender el judaísmo. Es un aspecto fundamental de la vida judía que sustenta la fe, la cultura y la identidad del pueblo judío. Al emprender este viaje, las personas contribuyen a una tradición vibrante y duradera de conocimiento y sabiduría. A medida que los lectores continúan su estudio de la tradición y la cultura judías, no sólo aprenden sobre el judaísmo; se están convirtiendo en una parte integral de su historia viva y respirable.

www.ingramcontent.com/pod-product-compliance
Lightning Source LLC
Chambersburg PA
CBHW061625250726

48659CB00004B/1092